V. 2707.
3.

25423

TRAITÉ

SUR

LA MUSIQUE,

ET SUR LES MOYENS

D'EN PERFECTIONNER L'EXPRESSION.

PAR M. LE PILEUR D'APLIGNY.

Si prioribus adjicere nefas fuiſſet, non eſſet Pictura.
QUINT.

A PARIS,

Chez
{
DEMONVILLE, Imp.-Lib. rue S. Severin;
SAUGRAIN & Compagnie, rue des Lombards;
L'AUTEUR, rue Saint-Victor, vis-à-vis
celle de Versailles.

M. DCC. LXXIX.

Avec Approbation, & Privilege du Roi.

A MONSIEUR

LE CHEVALIER GLUCK.

Monsieur,

L'OBJET de cet Essai étant de concourir à perfectionner un Art qui faisoit autrefois le charme de la Grece, par la peinture des passions, & l'empire qu'il y exerçoit sur les cœurs, à qui puis-je mieux l'offrir, qu'au Restaurateur ou plutôt au Créateur de cet Art? La voix publique, en vous applaudissant, vous adresse le même éloge qu'un Spectateur éclairé * adressa dans le dernier siecle,

---

* A une représentation des *Précieuses Ridicules*, en 1659, un Spectateur s'écria du milieu du parterre: *Courage, Moliere, voilà la bonne Comédie.*

au Térence François. Vous êtes venu conserver parmi nous le goût du vrai beau prêt à nous échapper, & sauver notre Langue de la proscription que l'ignorance alloit prononcer. Ces bienfaits vous assurent notre reconnoissance : daignez agréer le tribut de la mienne, & me permettre d'y joindre les sentimens d'admiration & d'estime avec lesquels j'ai l'honneur d'être,

MONSIEUR,

Votre très - humble & très-
obéissant Serviteur,
LE PILEUR D'APLIGNY.

AVERTISSEMENT.

Au lieu de difputer fur la queftion agitée depuis quelque temps avec tant de chaleur, lefquels
des Italiens, des Allemands ou des François
réuffiffent le mieux à exprimer le fens des paroles par la Mufique, convenons de bonne foi
que les uns & les autres font encore éloignés
du but. Je me garderai bien de dire qui font
ceux qui, felon moi, en approchent le plus :
je veux au moins qu'on m'écoute; & fi je
m'expliquois fur cet article, on a déja mis tant
d'humeur dans cette difpute, que plus d'un
Lecteur jetteroit le Livre de côté, fans vouloir m'entendre. Je dirai donc que nous n'avons
pas de Mufique proprement dite, & telle qu'elle
exiftoit chez les Anciens, qui y trouvoient un
charme fi puiffant : mais j'ajouterai que les
Italiens n'en ont pas non plus, & qu'il ne tient
qu'à nous d'en avoir une.

J'ai cru d'abord avoir imaginé le principal

moyen que je propofe pour y parvenir, parce qu'il s'étoit préfenté à mon efprit, en confidé-rant la conformité des mefures muficales avec les anciens metres poëtiques, la propriété de ces derniers pour peindre les chofes, & enfin les effets merveilleux opérés par la Mufique des Grecs, dont tous les vers étoient deftinés à être chantés. Loifque je rédigeois mes idées à ce fujet, j'eus occafion d'apprendre qu'elles n'avoient pas tout le mérite de la nouveauté, puifque Henri Etienne, qui avoit pris autrefois la défenfe de la Langue françoife contre les Admirateurs de la Langue italienne, avoit pro-pofé de faire des vers françois métriques : mais il n'avoit pas la Mufique en vue, & vouloit que tous nos vers fuffent faits à l'imitation de ceux des Grecs. Je fuis bien éloigné de penfer comme lui : tous nos vers ne font pas deftinés à être chantés; une pareille innovation, fi elle avoit lieu, nous priveroit d'une infinité de chef-d'œuvres que nous admirons à jufte titre, & d'autres que nous pouvons attendre des Poëtes préfens & futurs, qui refuferoient

d'admettre ce fyftême; je doute d'ailleurs beaucoup que notre Poëfie y gagnât. Je propofe
feulement d'introduire les anciens metres dans
la Poëfie deftinée à être alliée à la Mufique:
je me garderai bien cependant de confeiller à
nos Poëtes d'imiter l'arrangement trop fymmétrique des différens pieds qu'on obferve
dans les Odes anciennes, ou celui des anciens
vers héroïques. Des vers compaffés de cette
maniere ne pourroient être fufceptibles que
d'une Mufique trop fimple & trop monotone,
& nous priveroient de l'admirable variété dont
l'Art du chant eft devenu capable. Mais fi nos
Poëtes, qui compofent des Drames lyriques,
vouloient s'affranchir de la rime, dont l'agrément eft perdu dans les vers chantés, & y introduire librement & fans trop de fymmétrie,
les différens pieds métriques, dont l'emploi &
l'arrangement dépendroient de leur analogie
avec les chofes qu'ils veulent peindre, je crois
que leurs effais ne feroient pas infructueux. Des
vers faits de cette maniere faciliteroient & même
indiqueroient les moyens d'expreffion au Mu-

ficien, qui, obligé d'obferver la profodie de la Langue, feroit néceffité de fuivre celle du metre employé par le Poëte.

Nous avons quelques exemples du bon effet que produiroit l'ufage du metre dans les vers de nos Opéra. En voici un tiré du début fublime de l'Opéra des Elémens, dont les vers font d'un de nos plus grands Poëtes lyriques. Quelle majefté dans ceux-ci !

> Les temps font arrivés : ceffez, triftes Chaos ;
> Paroiffez, Elémens : Dieux, allez leur prefcrire
> Le mouvement & le repos, &c.

dans lefquels les fpondées dominent, entremêlés de quelques ïambes & quelques anapeftes. On voit que, dans le même morceau, il entaffe les breyes, lorfqu'il veut peindre l'Elément du feu :

> Volez, volez, rapides feux.

Je pourrois citer beaucoup d'autres exemples tirés des Opéra de ce Poëte célebre, qu'aucun autre n'a encore égalé dans le genre dramato-lyrique. Celui-ci doit fuffire pour faire fentir l'avantage du metre dans ce

genre de Poëſie , & la poſſibilité de faire encore mieux en formant des pieds réguliers ,
compoſés de deux ou trois longues , ou de
longues & de breves entremêlées, dont la valeur totale équivaudroit à deux ou trois longues , de maniere que ces pieds correſpondent
au ſujet & aux meſures de la Muſique. Je crois
que je n'aurai pour contradicteurs que le petit
nombre de ceux qui peuvent croire encore que
c'eſt la rime qui conſtitue la Poëſie.

J'ai cru devoir joindre à l'expoſition de ce
ſyſtême, l'examen des avantages réciproques
des Langues françoiſe & italienne, relativement
à la Muſique, & les regles de la véritable expreſſion muſicale. J'ai appliqué à cet objet,
ſur lequel on n'a pas encore donné de préceptes,
les regles qui ſervent de baſe au vrai beau en
Peinture & en Poëſie, dont le but eſt, comme
celui de la Muſique, l'imitation de la nature.
On ne ſera donc pas ſurpris de voir que j'ai
beaucoup profité des préceptes de Quintilien, de Longin, de ceux contenus dans
l'Ouvrage trop peu connu du P. Lamy ſur

la Rhétorique , & des Poëtiques d'Horace,
de Vida & de Boileau. Avec tous ces fecours ,
j'ai fans doute peu tiré de mon propre fonds,
& ce qui en eft ne fera pas ce qu'il y a de
mieux dans ce petit Ouvrage. Mais quelque
mince que foit le mérite de l'application de ces
regles, je ferai content, s'il peut contribuer à
l'amélioration d'un Art plus aimé & plus cultivé
que jamais.

TRAITÉ

SUR

LA MUSIQUE.

DE LA MUSIQUE EN GÉNÉRAL.

LA Musique est proprement l'Art de disposer diversement les sons graves & aigus, dans la vue de fortifier l'expression des paroles par les nombres, & d'inspirer par ce moyen aux Auditeurs différentes passions.

On a voulu faire dériver le terme de Musique d'un mot Egyptien, en rapportant son origine aux roseaux qui étoient sur le rivage du Nil, & qui battus par les flots lors de ses inondations, ou agités par le vent, produisoient un son qu'on chercha à imiter. Il importe fort peu d'examiner si cette opinion est bien ou mal

A

fondée : il fuffit d'obferver que le nom de Mufique a un rapport naturel avec celui des
Mufes, ces Divinités imaginaires auxquelles les
anciens Grecs ne rendoient aucun culte particulier; mais qu'ils fuppofoient préfider aux Arts
& aux Sciences. Ils en diftinguerent d'abord
trois, favoir : Mnémé, Mufe de la Mémoire;
Mélete, celle de la Réflexion, & Aœde*, celle
du Chant, ce qu'il faut entendre de celui de la
voix. Les Grecs, ou plutôt les Phéniciens, de
qui ils reçurent les Lettres, ayant inventé plufieurs efpeces d'inftrumens, ayant auffi appliqué à la profe la difpofition harmonique des
fons, & même étendu le terme de Mufique à
toute difpofition réguliere, n diftingua neuf
Mufes (1), dont trois préfidoient aux Inftrumens de Mufique, trois à la Poëfie, foit héroïque, tragique ou comique; une à la Rétho-
rique, une à l'Hiftoire, & une enfin à l'Aftro-
logie. De-là l'ufage des Poëtes d'invoquer le
fecours de la Mufe qui préfidoit au genre qu'ils
avoient adopté, & de la prier de les infpirer.

La Mufique eft un des Arts les plus anciens.
On lit dans l'Ecriture Sainte, que Jubal, le
fixieme homme après Adam, inventa une efpece

---

(1) V. Homere & Héfiode.

de manche pour la harpe. Cela suppose que le chant de la voix étoit déja en usage, puisque non-seulement les hommes ont dû naturellement faire des observations sur les différens tons de leurs voix, avant d'avoir imaginé aucun instrument; mais les différens chants des oiseaux doivent leur avoir fourni l'occasion d'améliorer leurs voix, en imitant toutes les modulations des tons dont elles étoient susceptibles (1).

ORIGINE DE LA MUSIQUE.

L'emploi & l'arrangement des différens accens de la voix, & conséquemment le Chant ou la Musique, doivent leur origine aux sensations que les premiers hommes éprouverent à la vue des merveilles de l'univers, & aux premieres passions dont ils furent animés. Ils n'eurent besoin, pour les exprimer, que de suivre le penchant de la Nature, qui nous a doués d'un goût & d'une sensibilité singuliere pour l'harmonie & la cadence. Ces premiers accens durent néanmoins être simples, & leur diversité proportionnée au petit nombre de leurs premieres

(1) At liquidas avium voces imitarier ore
Ante fuit multò quàm levia calmina cantu
Concelebrare homines possent, auresque juvare. *Lucr.*

A ij

fenfations, qui fe bornerent vraifemblablement
à l'étonnement ou à l'admiration de ce qui
frappoit leur vue, à la joie & à la triftefse.
A mefure que leurs connoiffances s'étendirent,
leurs defirs fe multiplierent ; les uns & les
autres firent naître des befoins auparavant
ignorés. De-là les différentes paffions, ou, ce
qui eft la même chofe, les fenfations qu'ils éprouverent, felon que ces defirs étoient trompés ou
fatisfaits. Voilà la premiere origine des Langues,
lorfque le nombre borné des accens devint infuffifant pour exprimer les penfées : mais ces
premieres Langues n'avoient qu'un petit nombre
de mots, infuffifans pour exprimer toutes les
idées; ce qui fit imaginer d'accentuer différemment les mêmes mots, pour leur faire fignifier
des chofes différentes, comme il eft facile de
l'obferver dans les Langues anciennes, & particuliérement dans l'Hébreu.

C'eft donc à ces accens primordiaux, & à
ceux que la difette des premieres Langues fit
conferver, que la Mufique ou l'Art du Chant
doit fon origine. Quant à fon état chez les Anciens, & à l'ufage qu'ils en firent, je me bor-
nerai à ce qu'on fait de plus certain & de plus
utile, fans entrer dans des détails douteux & fu-
perflus.

Si les premiers accens de l'homme servirent à exprimer son admiration pour les œuvres du Créateur, sa sensation de la majesté de l'Être Suprême, son respect, son recours à lui dans les besoins & les dangers, il n'est pas moins vraisemblable que, lorsqu'on parvint à substituer des mots variés aux simples exclamations vocales, on vit bientôt naître les premiers Poëmes, & qu'ils eurent la Divinité pour objet. Si ce fut le plus ancien, ce fut aussi sans doute le plus noble emploi de la Poësie & de la Musique, qui, dès leur origine jusqu'à la décadence de la Grece, ne furent jamais séparées l'une de l'autre. Comment auroient-elles pû l'être, en effet, puisque le *nombre* faisoit une partie nécessaire de la Poësie; ce qui fit donner aux Poëmes le nom de Chants (*Carmina*)?

La Poësie ne put être parfaite dès son commencement. La cadence, qui se trouva par hasard dans quelque expression, plut avant même qu'on sût ce que c'étoit que vers, comme l'observe Quintilien (1). On s'appliqua ensuite à mesurer les paroles, afin qu'elles eussent quelque cadence. Les Grecs s'y appliquerent avec soin; & ce qui contribua à perfectionner les

_____

(1) Ante carmen ortum est, quàm observatio carminis.

A iij

premiers commencémens de leur Poëſie, c'eſt
que long-temps avant la guerre de Troyes, leurs
Poëtes joignirent la Poëſie avec la Muſique.
Ils récitoient leurs vers, ou, pour mieux dire,
les chantoient au ſon des inſtrumens. Dans la
ſuite, la Muſique a été diſtinguée de la Poëſie,
parce qu'on l'appliqua auſſi à la Proſe.

Les Grecs ayant adopté l'uſage de placer les
Héros au rang des Dieux, leurs exploits devin-
rent la matiere des Poëmes. Homere, dont les
vers ſe chantoient, introduit, dans le premier
Livre de ſon Odyſſée, Phénix chantant les actions des Dieux & des grands Hommes, en s'ac-
compagnant avec la guitarre. Bientôt, chez ce
Peuple, les Docteurs, les Philoſophes, les
Théologiens, les Légiſlateurs, les Hiſtoriens
étoient Poëtes & Muſiciens. Il expliquoient en
vers, & par conſéquent chantoient les Myſteres
de la Religion, la généalogie des Dieux, le
mouvement des aſtres, &c.

Ce que je dis ici n'eſt pas une ſimple conjecture. Strabon, en parlant d'Homere (après
avoir dit qu'il y a deux ſortes de diſcours étu-
diés, l'un meſuré, & l'autre libre, c'eſt-à-dire
que tout diſcours eſt vers ou proſe), ſoutient
que « les premieres Pieces étudiées furent des
» vers; que les vers ayant plu, Cadmus,

» Phérécides, Hécatœus, qui écrivirent en
» profe, conferverent les manieres des Poëtes,
» à la réferve des mefures. Dire & chanter,
ajoute-t-il, » étoit autrefois la même chofe;
» ce qui montre que la Poëfie eft la fource de
» l'Eloquence. Tous les vers étoient des chants,
» on ne les récitoit qu'en chantant; ce qui fit
» que toutes les Pieces de poëfie furent nom-
» mées Chants, *Rapfodie*, *Tragédie*, *Comédie*,
» le mot grec ᾠδή fignifiant *Chant*.

Puifque l'ufage de la Mufique étoit auffi
étendu chez les Grecs, & que, comme l'obferve
Strabon, dire & chanter étoient la même chofe,
on ne doit pas être furpris qu'elle fît une partie effentielle de l'Art oratoire. Ils appelloient
cette forte de Mufique, Mufique énonciative,
ou difpofition; elle confiftoit dans l'art d'arranger les mots de maniere que cet arrangement
contribuât non-feulement à la beauté de la
diction, mais encore à la force & à l'énergie de
la parole. Les hommes étant naturellement fen-
fibles à l'harmonie, l'Orateur, qui veut plaire &
perfuader, a befoin de confulter la nature,
d'étudier le génie de fa Langue & des fons. C'eft
en vain qu'une penfée feroit belle par elle-
même, fi les mots employés pour l'exprimer
étoient mal arrangés, & choquoient la délica-

teſſe de l'oreille. Une composition dure & ſans harmonie la bleſſe, au lieu que celle qui eſt douce & harmonieuſe la flatte. Or, c'eſt moins la dureté ou la douceur des expreſſions mèmes ou des mots, qui produit des ſenſations douces & déſagréables ; mais c'eſt l'arrangement judicieux & ſonore des mots qui contribue le plus à l'harmonie du diſcours. Iſocrates fut le premier pàrmi les Grecs, qui rendit ſes Auditeurs ſenſibles à la beauté de cette diſpoſition, & Cicéron chez les Romains.

DU NOMBRE POÉTIQUE ET MUSICAL.

Cet arrangement, que les Anciens appelloient *nombre*, avoit donc lieu dans l'Art oratoire, ainſi qu'en Poëſie & en Muſique. Il conſiſtoit dans certaines meſures, proportions ou cadences, qui rendoient un vers, une période ou un chant agréables à l'oreille.

Le nombre, en Poëſie & en Muſique, étoit l'harmonie qui réſulte de l'arrangement & de la quantité des pieds & des ſyllabes, ordonné de maniere à rendre une Piece muſicale, & propre à être chantée ; deſtination de tous les vers des Anciens, fondée ſur la nature même de leur Poëſie.

C'eſt de ces nombres que Virgile parle dans

sa neuvieme Eglogue, où il fait dire à Lycidas : *Numeros memini , si verba tenerem* ; ce qui signifie que, quoiqu'il ait oublié les mots des vers, il se rappelle les pieds & les mesures dont ils étoient composés.

Le nombre rhétorique ou prosaïque étoit une espece de mélodie simple & naturelle, moins affectée que celle des vers, mais néanmoins sensible, & flattant agréablement l'oreille.

C'est l'emploi & la disposition bien entendue de ces nombres qui font qu'un style est facile, nombreux, fleuri, &c. C'est pour cela qu'Aristote, Cicéron, Quintilien & d'autres ont donné beaucoup de regles sur la meilleure maniere d'entremêler les dactyles, les spondées, les anapestes, &c., afin d'avoir des nombres parfaits. La seule différence entre les vers & le discours ne consistoit donc qu'en ce que les premiers étoient formés par une disposition fixe & symmétrique des pieds ou mesures composées chacune d'un certain nombre de syllabes longues & breves; au lieu que le discours étoit composé d'un arrangement des mêmes pieds, arbitraire & déterminé seulement par sa convenance avec les pensées que l'Orateur vouloit exprimer.

EFFETS DE LA MUSIQUE ANCIENNE.

Les effets que plusieurs Auteurs attribuent à la Musique des Anciens sont si merveilleux, qu'on a coutume de traiter de fables tout ce qu'ils en ont dit. Par le moyen de cet Art, disent-ils, on guérissoit les malades, on corrigeoit l'incontinence, on appaisoit les séditions, on excitoit ou on calmoit les passions, & on inspiroit même le délire. Toutes ces merveilles acquerront néanmoins quelques degrés de vraisemblance, si l'on fait réflexion premiérement que ces effets étoient dus en partie à l'éloquence des paroles mêmes, fortifiée par le chant, & en partie à l'agrément du chant; que la musique de ces temps-là, telle simple qu'on la suppose, faisoit d'autant plus d'effet sur les oreilles des hommes, qu'elles n'avoient pas encore éprouvé des vibrations plus fortes, dont l'habitude auroit rendu insensible l'ébranlement causé par des mouvemens plus doux. La force ou la foiblesse de nos sensations ne dépend pas en effet de ce que les chocs des objets extérieurs contre nos organes sont plus ou moins violens, mais de notre habitude même à éprouver ces chocs. C'est cette disposition naturelle à l'homme, & même à l'animal, qui fait que celui qui est né timide s'accoutume néanmoins à affronter les périls dans les batailles, qu'on habitue un cheval au bruit du tambour & à l'explosion des armes à feu : c'est elle qui produit des effets si opposés dans la morale, & fait que les méchans se familiarisent insensiblement avec les grands crimes, par l'habitude d'en commettre de moindres, tandis que le sage s'en fait une douce & facile de là vertu. C'est encore cette disposition, qui est la mere de la nouveauté, ce charme de la vie, sans lequel il n'y auroit point de variété, & sans lequel nous languirions dans un funeste ennui. Nous voyons un exemple de cette vérité dans les effets différens que produisent sur nous les chants de Lully, si on les compare à ceux qu'ils produisoient sur les contemporains de ce Musicien. Sa Musique les enchantoit, tandis qu'elle nous ennuie, & ne nous paroît qu'une psalmodie monotone.

Nous ne sommes donc pas fondés à douter entiérement des effets attribués à la Musique des Anciens, & nous devons même penser qu'ils n'en auroient pas fait un aussi grand usage, s'ils ne s'étoient apperçus du grand pouvoir qu'elle avoit sur les hommes. Toutes les Loix divines *V.* Athen & civiles, les exhortations à la vertu, les Sciences divines & humaines, les vies & les actions des hommes illuſtres étoient écrites en vers, qui ſe chantoient publiquement, en chœur, au ſon des inſtrumens, parce qu'on avoit jugé ce moyen le plus efficace, pour imprimer les ſentimens de morale dans l'eſprit des hommes.

Wallis s'eſt efforcé de rejetter ce qu'on raconte des effets de la Muſique ancienne, ſur l'exagération des Ecrivains. Il ne fait point de doute que la Muſique moderne, toutes circonſtances égales, ne pût produire des effets auſſi grands que l'ancienne. Il eſt vrai qu'on peut en trouver des exemples dans l'Hiſtoire moderne, à mettre en parallele avec ceux de l'antiquité. Si Timothée a eu l'art de mettre Alexandre en fureur, par le moyen du mode Phrygien, & de l'appaiſer enſuite par le mode Lydien, on rapporte auſſi qu'un Muſicien moderne excita un tel délire dans l'ame d'Eric, Roi de Danemarck, qu'il tua ſes meilleurs ſujets. Newenteit rapporte qu'un Italien, en variant ſes modulations, & paſſant ſucceſſivement du genre vif au grave, & du grave au vif, avoit le pouvoir d'exciter le déſordre & la folie dans les eſprits. Un Anglois, nommé South, a compoſé un Poëme intitulé, *Muſica incantans*, dans lequel il décrit pluſieurs exemples de cette

nature. Enfin Derham, dans fa Théologie phy-
fique, fait mention de plufieurs effets femblables
également furprenans.

On a beaucoup difputé fur la queftion de
favoir fi les Anciens ou les Modernes ont été
les plus favans en Mufique, & ont le plus excellé
dans la pratique de cet Art. Quelques-uns ont
prétendu que l'ancienne Mufique, qui produi-
foit des effets fi merveilleux, eft entiérement
tombée dans l'oubli. D'autres, au contraire,
font perfuadés que ce font les Modernes qui
l'ont portée à fon plus haut point de perfection, en furpaffant de beaucoup tout ce que les
Anciens favoient & pratiquoient relativement
à cet Art. Il feroit néceffaire, pour bien décider cette queftion, que nous euffions des productions de Mufique ancienne, afin que nous
puffions les comparer à celles des Modernes. A
leur défaut, nous ne pouvons former que des
conjectures fondées d'après ce que les Auteurs
ont écrit fur l'état de la Mufique ancienne;
elles acquerront du moins un grand degré de
vraifemblance, en comparant fa nature avec
celle de la Mufique moderne.

DE LA NATURE DE LA MUSIQUE ANCIENNE.

J'ai dit ci-deſſus que tous les vers des Anciens ſe chantoient ; ainſi les principes de leur verſification étoient les mêmes que ceux de leur Muſique, ſinon que cette derniere en avoit un diſtinct & indépendant des paroles. Le premier de ces principes étoit le rhythme, qui étoit commun à la Muſique, à la déclamation, à la verſification, au geſte & à la danſe. Ils entendoient par ce mot la proportion que les différentes parties du mouvement ont les unes avec les autres, ou la variété de ce mouvement déterminé par ſa vîteſſe ou ſa lenteur. Il peut affecter les yeux ou les oreilles, être conſidéré par rapport aux ſons, comme dans la Muſique, la Poëſie & la Proſe, ou exiſter ſans ſons, comme dans le geſte & la danſe. Il peut encore exiſter ſans aucune différence de ſons graves & aigus, comme dans le tambour ; ou avec cette variété, comme dans un air de chant.

Le rhythme eu égard à la Muſique, à la Poëſie & à la Proſe, avoit pour objet la longueur ou la briéveté des notes ou des ſyllabes, & conſiſtoit dans l'art de les arranger harmonieufement. La feule différence qu'il y avoit entre le rhythme poétique & mufical, & le rhythme profaïque, c'est que ce dernier pouvoit bien être compofé de plufieurs pieds; mais le nombre de ces pieds n'étoit pas déterminé, comme dans celui des vers.

Le fecond principe de la Mufique, & de la verfification grecque & latine, étoit le metre, c'est-à-dire un fystême & arrangement de pieds ou de mefures d'une longueur déterminée. Les différens metres confistoient dans les différentes manieres d'arranger & de combiner les quantités, c'est-à-dire les fyllabes & les fons longs ou brefs. On donnoit néanmoins auffi quelquefois aux pieds le nom de metre. Ainfi les vers hexametres & pentametres prenoient leur nom du nombre de pieds qu'ils contenoient.

Ces pieds, metres ou mefures, étoient compofés d'un certain nombre de fyllabes longues & breves. On en diftinguoit vingt-huit, dont les uns fimples ou compofés de deux ou trois fyllabes, nommés pour cette raifon Diffyllabiques ou Triffyllabiques; les autres, Tétrafyllabiques, c'est-à-dire, compofés de quatre fyllabes. Il y avoit quatre pieds diffyllabiques, favoir : le Pyrrhique ‿ ‿, le Spondée – –, l'Iambe ‿ –, & le Trochée – ‿, que je défigne par les fignes

adoptés pour marquer la valeur des longues &
des breves; huit pieds triſſyllabiques, qui ſont
le Dactyle - υ υ, l'Anapeſte υ υ -, le Tribraque
υ υ υ, le Moloſſe - - -, l'Amphibraque υ - υ,
l'Amphimacre - υ -, le Bachique υ - -, & l'Anti-
bachique - - υ. Il eſt inutile de parler des ſeize
pieds tétraſyllabiques qui n'étoient compoſés
chacun que de deux des pieds diſſyllabiques,
ſelon les différentes combinaiſons des longues
& des breves.

Quint. L. 9,
c. 4. Les pieds, comme on le voit, étoient pairs
ou impairs : ces dénominations étoient fondées
ſur la meſure du temps qu'on employoit à prononcer une ſyllabe : on comptoit un temps
pour une breve, & deux temps pour une
longue. La valeur d'une longue étant donc
double de celle d'une breve, il s'enſuit que
deux breves valent une longue, & conſéquemment que les pieds pairs étoient le Pyrrhique υ υ,
le Spondée - -, le Dactyle - υ υ, l'Anapeſte
υ υ -, & l'Amphibraque υ - υ. Les pieds impairs étoient l'Iambe υ -, le Trochée - υ, le
Tribraque υ υ υ, le Moloſſe - - -, l'Amphimacre - υ -, le Bachique υ - - & l'Antiba-
chique - - υ.

Qui ne ſeroit frappé de la conformité qu'on
remarque entre les ſyllabes breves & les notes
noires

noires de la Mufique qui y correfpondent; les fyllabes longues & les notes blanches, entre les pieds pairs & la mefure à deux temps, qu'on a autrefois appellé temps parfait; enfin entre les pieds impairs & la mefure à trois temps, ou le temps imparfait?

MÉLODIE DES ANCIENS.

Enfin, le troifieme principe propre à la Mufique, indépendant des paroles, & qui n'appartenoient à l'Art des vers qu'en tant qu'ils fe chantoient, c'étoit la Mélodie, qui conftitue le chant, & qui réfulte d'une fucceffion continue des fons graves & aigus, c'eft-à-dire, plus ou moins élevés; car, quant à la mefure de la durée de ces fons, elle étoit réglée par la quantité des fyllabes.

La diftinction que les Anciens mettoient entre les fons graves & aigus, les combinaifons qu'ils en formoient, & le chant qui en réfultoit, devoit fon origine à ces accens primordiaux dont j'ai parlé, qui exiftoient avant les Langues : on les a confervés, depuis qu'elles ont été formées, non-feulement pour fuppléer à la difette des mots, fixer leur véritable fignification, & leur en donner différentes; mais encore à caufe de l'effet fenfible qu'on voyoit

B

être produit par l'élévation & l'abaissement de
la voix dans la prononciation de certaines syllabes (1).

Les Grecs avoient distingué trois genres de
chants, c'est-à-dire, trois manieres de faire suc-
céder les sons les uns aux autres, ou trois sortes
de mélodie, savoir, le genre diatonique, le
chromatique & l'enharmonique. Le premier
étoit une maniere de moduler, en procédant
par tons & demi-tons, tant en montant qu'en
descendant. Cette maniere de moduler est la
plus naturelle, & vraisemblablement la plus ancienne.

Le genre chromatique étoit un chant plus
maniéré & plus tendre, qui procédoit par les
demi-tons majeurs & mineurs. Les Lacédémo-

_____

(1) La barbarie qui a régné si long-temps en Europe,
& l'ignorance de la Physique, ont fait confondre les dénominations de long & de grave, de bref & d'aigu, comme
si ces mots étoient synonymes. La preuve est qu'on appelle encore nos accens, graves & aigus, quoiqu'ils ne
servent qu'à déterminer la longueur & la brièveté des syllabes, & nullement leur élévation & leur abaissement. Il
faut bien distinguer la qualité & la quantité des sons :
la premiere est fondée sur la différence du nombre & des
vitesses des vibrations qu'éprouvent deux ou plusieurs corps
sonores, dans un même temps donné ; l'autre consiste dans
le rapport de la durée d'un son à celle d'un autre son.

niens en avoient défendu l'usage, parce qu'ils le jugerent capable d'énerver le courage & de corrompre les mœurs.

Le genre enharmonique étoit, à ce qu'on prétend, une maniere de moduler par quarts & demi-quarts de tons, & avoit pour but d'imiter plus parfaitement les inflexions de la voix naturelle, dont les degrés d'élévation font infenfibles & infinis. Les Grecs faisoient un grand usage de ce genre, principalement dans leurs Tragédies. On l'a néanmoins totalement abandonné depuis; & il est tellement tombé dans l'oubli, que plusieurs Savans se font donné des peines inutiles pour découvrir la maniere dont les Anciens mesuroient les intervalles qui le constituoient. Ce genre n'est point à regretter pour nous, à cause de la mauvaise harmonie qui résulteroit, dans nos compositions, des faux accords, qui auroient nécessairement lieu dans l'accompagnement d'un chant fondé uniquement sur les élévations & les abaissemens de la voix, qui se succedent par degrés insensibles & incommensurables. Cet inconvénient n'avoit pas lieu dans l'ancienne Musique; car, quoique les voix fussent autrefois accompagnées par des instrumens, & que les Anciens eussent conséquemment des compositions en parties, ils paroiſſent néanmoins avoir entiérement ignoré la véritable harmonie, qui fait le principal ornement de la Muſique moderne. Dans toutes les explications qu'on nous a laiſſées de leur Mélopée, il n'eſt pas dit un mot qui ait le moindre rapport à ce que nous nommons Concert, ou harmonie qui réſulte de pluſieurs parties de Muſique. Nous avons une preuve de leur ignorance, à cet égard, dans l'uſage où ils étoient d'accompagner leurs chants par des voix ou des inſtrumens, à l'uniſſon ou à l'octave. Il n'en pouvoit réſulter qu'une mélodie ſimple, ſans ſucceſſion d'accords, incapable de produire une harmonie, qui n'eſt autre choſe que l'agrément réſultant de l'union de différens ſons entendus enſemble, & qui ne peut exiſter par l'union de deux notes à l'uniſſon, ou à deux octaves.

Le genre enharmonique & le chromatique ſe ſous-diviſoient en un grand nombre d'eſpeces différentes, dont on nous a tranſmis inutilement les noms, ſans nous inſtruire en quoi elles conſiſtoient. C'eſt ce qui nous empêche de juger juſqu'à quel point les Grecs avoient perfectionné la Muſique, quant à la mélodie. Elle étoit ſans doute variée & expreſſive : car il eſt certain que l'emploi judicieux des demi-tons contribue eſſentiellement à la variété du chant

& à l'expreffion, & ce n'eft que par lui que la Mufique moderne s'eft perfectionnée.

Indépendamment des trois genres dont je viens de parler, les Anciens différencioient encore leurs chants par leurs modes, qui étoient fixés par les tons fur lefquels ces chants étoient établis. Ils n'en admirent d'abord que trois, favoir : le Dorien, le Phrygien & le Lydien. Ces modes étoient à un ton de diftance l'un de l'autre: ils formerent enfuite, du Dorien, l'Hypodorien, qui commençoit une quarte plus bas, &c. Outre ces modes de tons, ils en avoient de temps, qu'ils diftinguerent d'abord en plus grand ou plus petit, & chacun d'eux en parfait & imparfait : ils les réduifirent enfuite à quatre, qui ne font plus en ufage.

COMMENCEMENTS DE LA MUSIQUE MODERNE.

Les anciens caracteres de Mufique étoient, en quelque forte, myftérieux, & fort embarraffants pour l'exécution. Les caracteres ou notes étoient les lettres de l'alphabeth grec; & comme il en falloit un plus grand nombre qu'il ne contient de lettres, on fuppléoit à ce défaut par la différente pofition de ces lettres; ce qui étoit indifpenfable, puifqu'il falloit dix-huit notes pour chaque mode. On commença à s'affranchir de cet embarras bizarre, au temps de Boëce, & on réduifit les notes au nombre de quinze, qu'on indiqua par des lettres de l'alphabeth latin. Ce ne fut qu'en 1024 que Guidon Arétin, Religieux Bénédictin de Tofcane, introduifit l'ufage des lignes, fur lefquelles, ainfi que dans les efpaces intermédiaires, il marqua les notes avec des points, pour indiquer l'élévation & l'abaiffement de la voix, en fubftituant aux lettres les fix fyllabes, *ut*, *ré*, *mi*, *fa*, *fol*, *la*.

Ces notes furent employées ainfi dans le Plain-Chant (feule Mufique qu'on connût alors) pendant trois cents ans, quelqu'imparfaites qu'elles fuffent, puifqu'elles ne pouvoient fervir qu'à indiquer les différents degrés de tons, quant à leur élévation ou à leur abaiffement. On fentit enfin que, pour diverfifier le chant, il falloit ajouter à fes tons de la variété, par celle des temps qu'on mettroit à prononcer les différens tons; & Jean de Muris, de Paris, imagina en 1353 les différentes figures de notes que nous employons actuellement, qui font, la ronde, la blanche, la noire, la croche, la double croche; la triple croche, &c. qui fervent à exprimer le temps ou la longueur de chaque note, jufqu'à la moindre proportion relative des unes aux autres.

Ainsi, comme la Musique ne peut exister sans les nombres (ou mesures), on peut dire que c'est un François qui a été l'inventeur, ou au moins le restaurateur de cet Art. Les Italiens n'ont rien à réclamer à cet égard. Jusqu'au siecle dernier, les François & les Flamands passerent toujours pour les meilleurs Musiciens de l'Europe. Orland Lassus, de Mons, étoit le plus fameux dans le quinzieme siecle. Gaudimelle, Musicien François, fut appellé en Italie, comme supérieur à tous ceux qu'elle possédoit alors : il vivoit sous le regne de François Premier.

On attribue à Arétin la premiere invention de la Symphonie ou Concert en Musique : mais on ignore les progrès qu'il fit à cet égard, ses compositions n'étant pas parvenues jusqu'à nous. Il est bien étonnant qu'il se soit écoulé un aussi long temps depuis ces améliorations jusqu'à celles de Jean de Muris, & que, depuis ce dernier, les progrès de la Musique aient été aussi lents : mais il faut considérer que le Chant de l'Eglise, tel qu'il est encore aujourd'hui, fut long-temps la seule Musique qu'on connût en Europe ; qu'on ne s'empressa pas de perfectionner la Mélodie, parce qu'on pensoit qu'elle ne pouvoit être trop simple, & ne pouvoit perdre fa simplicité, qu'en s'éloignant de la majesté analogue aux sujets que le chant devoit exprimer. La mélodie la plus variée étoit celle du chant des Cantiques, Hymnes & Proses qui se chantent encore dans nos Eglises. Ce chant, comme celui des Vaudevilles, ne sortoit jamais du ton qui le commençoit. On avoit alors totalement perdu de vue la maniere de chanter des Anciens, puisqu'on n'observoit point dans les chants de ces Hymnes la longueur & la briéveté des syllabes, ce qui est d'autant plus surprenant, qu'on ne peut douter que la valeur des notes n'a été établie que pour répondre à la quantité des syllabes, ainsi qu'on employa ensuite les barres de la Musique pour fixer les mesures destinées à répondre aux pieds métriques. On ne mit ces barres en usage que fort tard; car on n'en voit point dans la Musique d'un ancien Ballet qu'on nous a conservé, & qui paroît être la premiere composition musicale françoise qui ait quelque rapport à ce qu'on a depuis nommé *Opéra*. Cette Piece est intitulée : *Ballet comique de la Royne , fait aux Nopces du Duc de Joyeuse & de Mademoiselle de Vaudemont , par Balthasard de Beaujoyeulx*. La date est de 1582.

PROGRÈS DE LA MUSIQUE MODERNE.

L'Italie revendiquera peut-être l'avantage d'avoir donné les premieres productions en ce genre, ce qui eſt aſſez indifférent. Quoiqu'il en ſoit, il eſt conſtant que la Muſique n'a commencé à acquérir une certaine perfection en Europe que vers la fin du dernier ſiecle, lorſque Pourcel, Corelli, Lully, Lalande, Campra & autres, donnerent des compoſitions qui charmerent & étonnerent par leur mélodie & leur harmonie, parce qu'ils ſurpaſſoient tout ce qui avoit été fait avant eux. La Muſique vocale & inſtrumentale ſe perfectionnerent peu-à-peu en Italie. Les progrès de la Muſique vocale furent plus lents en France, & l'on en peut donner pluſieurs raiſons. La premiere eſt que les Italiens avoient poli & adouci leur langage dès le quatorzieme ſiecle, & que la réforme qu'ils y avoient faite, l'avoient rendu plus muſical. Secondement, on ſait que les François ſont très-ſtricts ſur tout ce qui s'appelle licence, & qu'ils n'auroient pas pardonné à un Muſicien de bleſſer leurs oreilles en négligeant la proſodie. Son génie ſe trouvoit donc gêné par le ſoin de ſe ſoumettre à une exactitude ſcrupuleuſe, dont les Compoſiteurs Italiens ſe ſont toujours moins

inquiétés. Troifiémement enfin, la Mufique, en
France, fut fouvent arrêtée dans fes progrès
par les entraves que l'ignorance & la jaloufie
mirent au génie de ceux qui auroient pu la perfectionner plutôt. Ce n'étoit que dans la Capi-
tale que les bons Muficiens pouvoient efpérer
de faire connoître & briller leurs talents. S'ils
avoient le malheur que leur mérite donnât de
l'ombrage à ceux qui avoient la principale direction de la Mufique, ou qui s'étoient emparés
du privilege de plaire, fouvent trop exclufif
parmi nous, ces infortunés étoient auffi-tôt
critiqués, découragés, écartés, & le Public privé de leurs Ouvrages. En Italie, au contraire,
partagée en plufieurs Etats, un Muficien qui
ne feroit pas accueilli dans une Ville, pourroit
efpérer d'être applaudi dans une autre. Les Mufiques des Eglifes, & les différens Théâtres
d'Opéra, lui ouvrent une vafte carriere pour
étaler fes talents. Il peut, fans craindre l'envie, mettre en mufique un Drame fur lequel
un autre a travaillé avant lui, même avec fuc-
cès. Mais fi les Italiens ont eu ces avantages
pour améliorer leur Mufique, notre caractere
nous en a procuré d'autres dont ils fe font privés
volontairement. Nous n'avons pas eu, comme
eux, la vanité de croire que l'Art de peindre les

paſſions par le chant fût concentré dans notre Pays. Nous avons cherché à connoître leurs meilleures productions ; nous avons entendu leurs meilleures voix, comparé la maniere des Allemands à celle des Italiens ; nous avons profité du talent ſupérieur des premiers pour l'harmonie, & choiſi, avec diſcernement, dans la maniere de moduler des derniers, les ornemens que nous avons cru pouvoir nous approprier pour embellir nos chants, ſans ſuivre les écarts de leur imagination déréglée. Quoique ce ſoit Muris, François, qui ait commencé à perfectionner la Muſique, accordons, ſi l'on veut, à l'Italie la gloire d'avoir été ſon berceau, d'avoir même travaillé avant nous à la perfectionner : mais ne refuſons pas à la France celle d'avoir été plus délicate & plus judicieuſe dans l'emploi des ornemens dont elle eſt ſuſceptible, & ne la privons pas de l'eſpérance aſſez bien fondée, de la porter à ſa plus grande perfection. On ſait que l'Art Dramatique étoit dans ſa plus grande ſplendeur en Italie, tandis qu'il étoit ignoré en France : les choſes ont bien changé depuis.

La Muſique paroît aujourd'hui toucher à ſon plus haut degré de perfection, quant à la Mélodie & à l'Harmonie, abſtraction faite des

paroles deſtinées à être miſes en Muſique.
Toutes les combinaiſons agréables des différentes durées , élévations , abaiſſemens &
mélanges des tons, peuvent être réduites dans
des bornes aſſez étroites, le nombre poſſible
de ces combinaiſons n'étant pas auſſi grand
qu'on pourroit le croire, ni conſéquemment
inépuiſable. Mais il s'en faut beaucoup qu'on
ſache tirer parti de cet Art, pour l'employer à
exprimer les paſſions, en l'alliant à la Poëſie.

ORIGINE DU VAUDEVILLE.

Il eſt à préſumer que, ſans l'uſage du chant
de nos Egliſes, auquel on ne peut aſſigner aucune origine certaine, nous ne connoîtrions
guere la Muſique, & que c'eſt celle des An-
tiennes & des Répons qui a donné naiſſance aux
récits de nos Motets & des Oratorio italiens ;
de même que celle des Hymnes & des Proſes
aux chants de nos Vaudevilles & aux Ariettes.
Ainſi, de même que dans la Grece, nos premiers chants, après avoir eu pour objet la Divinité, ont enſuite été employés à des uſages
profanes ; nos Hymnes ſont viſiblement une
imitation des anciennes Odes : ce mot grec qui
ſignifie chanſon, déſignoit une compoſition
poëtique, propre à être chantée. Les premieres,

telles que plufieurs de Pindare & d'Horace, étoient des Hymnes compofées en l'honneur des Dieux. Comme ces Dieux occupoient des rangs différens dans la Mythologie, & que la nature de l'hommage devoit correfpondre à l'objet déterminé du culte qu'on leur rendoit, le ftyle de ces Odes devoit différer. Celui des unes étoit noble & majeftueux : la gaieté caractérifoit celles qui étoient deftinées aux Fêtes de Vénus & de Bacchus, & qui vraifemblablement ont fervi de modele à nos Chanfons bachiques & érotiques.

Dans la fuite, les Odes n'eurent pas pour unique objet les Dieux de l'Olympe : les louanges des Héros & les Triomphes furent célébrés par les Poëtes lyriques, & l'on chanta de même les plaifirs de l'Amour & les délices de la table. Anacréon & Sapho ont excellé dans ce genre, dans lequel nous avons auffi des Odes d'Horace remplies d'élégance & de délicateffe. Les Pieces lyriques, que nos Poëtes modernes ont nommées Odes, ne reffemblent point aux anciennes : mais nous avons, dans notre Langue, des Chanfons anacréontiques, vrais chefd'œuvres de fentiment, de faillie & de délicateffe, malheureufement trop peu connues, parce qu'on a négligé de les recueillir, & qu'elles

font confondues dans la foule des Chanfons
vulgaires deftinées à mourir en naiffant. On
peut dire avec vérité que nos Chanfons anacréontiques refpirent cette délicatefle & cette
élégance grecque dont les François paroiffent
avoir hérité, exclufivement à tous les autres
Peuples de l'Europe, comme il eft facile auffi
de reconnoître, dans le goût piquant & naïf
de nos Vaudevilles, le fel attique fi familier aux
Athéniens, le Peuple le plus poli du monde.
On eft fondé à croire que le goût de ces Chanfons nous a été apporté par les Colons Grecs,
qui font venus habiter Marfeille ; & que nos
Provençaux ont adopté avec avidité, & fe font
approprié facilement un genre auffi conforme
au génie vif, gai & délicat, qui les caractérife.
C'eft ainfi qu'une femence étrangere fe natura-
life, lorfqu'elle eft confiée à un fol convenable,
& produit une plante auffi vigoureufe qu'elle
auroit pu produire fous fon climat originaire.
On fait que les Troubadours Provençaux furent
nos premiers Poëtes, & que leurs productions
confiftoient dans des Strophes formées par des
vers de longueurs différentes & déterminées,
qu'on a nommées Sonnets, Rondeaux, Vaudevilles, Madrigaux, &c.

En France, le chant de ces Vaudevilles eft

simple, coulant & agréable, tel qu'il convient au genre de Poëfie auquel on l'affocie. Il ne peut être expreffif par lui-même, les bornes de fa modulation étant trop refferrées pour permettre qu'il le foit. D'ailleurs, il ne doit pas l'être, puifqu'étant deftiné pour plufieurs couplets qui renferment des penfées différentes, il ne pourroit convenir à tous, s'il convenoit parfaitement à un feul. Il dépend néanmoins de celui qui chante de donner de l'expreffion à fon chant, en tranfpofant les valeurs des notes, fans altérer l'effence du chant ; ce qui eft en outre le feul moyen d'obferver la profodie, ou les quantités des fyllabes dont l'ordre n'eft pas le même dans les différens couplets. Le chant des Vaudevilles eft ordinairement compofé d'un commencement & d'une reprife, formant enfemble quatre membres ou périodes, compofés chacun d'un nombre pair de mefures, qui eft le plus communément de quatre : fa feule modulation eft la quinte du ton, & même la briéveté ne permet pas de s'y arrêter.

ARIETTES ITALIENNES.

Il ne paroît pas que les Italiens aient jamais connu ce genre, qui, tout fimple qu'il eft, a le mérite précieux de donner une grace naïve

au genre de Poëfie pour lequel nous l'employons:
car leurs morceaux de chants les plus fimples
font les Barcarioles de Venife ; ils nomment
ainfi les petits Airs de chant qui font en ufage
parmi le Peuple, & particuliérement les Gon-
doliers Vénitiens. Ces chants ont la fimplicité
des Airs de nos Vaudevilles, & n'en different
qu'en ce que leurs périodes ne font pas toujours quarrées comme les nôtres, & qu'après
qu'un certain nombre de mefures a été chanté
dans un ton, les mêmes mefures & les mêmes
paroles font encore chantées à la quinte, &
enfuite à la fixte; ce qui ne fert qu'à alonger,
fans apporter aucune variété réelle à la Mufique, puifqu'en changeant de modulation, le
même chant fe fait toujours entendre. Cette
forte de compofition ne pourroit nullement
convenir à nos Vaudevilles & à nos Chanfons,
qui rejettent tout ornement étranger à la net-
teté & à la précifion qui caractérife le ftyle de
ces pieces dont il affoibliroit le fel.

Ces petits Airs ont été pendant long-temps
les feuls qu'on adaptât aux paroles, tant en
Italie qu'en France, & qu'on entremêloit avec
le récitatif, dans les Motets & les Oratorio. Il y
a cette différence entre ces deux fortes de com-
pofitions, qu'un Motet eft formé d'un certain

nombre

nombre de verfets d'un Pfeaume, d'un Cantique facré, ou de quelques Prieres de l'Eglife, mis en mufique, variée par des Récits, Airs, Duo, Trio & Chœurs. Les Italiens nomment *Oratorio* une efpece de Drame pieux, en dialogue, dont le fujet eft tiré de l'Ecriture Sainte, ou de la Vie de quelque Saint. Ils ont lieu en Italie, principalement dans le temps du Carême.

DU RÉCITATIF ITALIEN.

Le Récitatif eft, en Italie, une efpece de Chant qui differe peu de la prononciation ordinaire : voici fon origine. J'ai déja dit que les Grecs faifoient ufage, dans leurs Tragédies, du genre enharmonique, qui approchoit, plus que les autres, de la déclamation, à caufe de la divifion multipliée de fes tons. Quintilien nous apprend auffi qu'on notoit à Rome la déclamation. Ainfi, quoique les Italiens aient corrompu leur langue primitive, par le mélange de celle des Barbares, ils ont pu conferver par tradition la mémoire de cet ufage, & adopter, lors de la reftauration des Lettres, l'ufage de noter la déclamation de leurs Pieces de Théâtres. En effet, leur Récitatif n'eft qu'une déclamation notée, bien inférieure néanmoins à ce que celle des Grecs devoit être. On verra,

C

par la fuite, que cet ufage fut bien antérieur à l'établiffement des Drames, qu'ils nommerent *Opéra*. Ainfi, dans leurs Comédies & leurs Tragédies, les Acteurs étoient aftreints à fuivre cette déclamation écrite, qui ne peut être que très-défectueufe, à caufe du défaut de variété fuffifante dans les inflexions de la voix (le genre enharmonique étant perdu), & à caufe de l'habitude qu'ont les Italiens d'appuyer, avec affectation, fur leurs mots en les prononçant.

Les François, qui connurent l'Art dramatique beaucoup plus tard, & dans un temps où il avoit dégénéré en Italie, ne fuivirent point cet exemple. Comme ils prononcent leur Langue avec beaucoup plus de vivacité que les Italiens, ils fentirent qu'une déclamation notée feroit néceffairement languir la prononciation, & que l'expreffion en fouffriroit immanquablement, fur-tout dans les cas où elle exige plus de chaleur. Ils penferent donc qu'il falloit laiffer à l'Acteur le foin de peindre les paffions, par le moyen de l'élévation & de l'abaiffement de la voix, employés à propos & variés fuivant les circonftances, auffi bien que par la lenteur ou la rapidité du débit. La perfection de la déclamation dépend donc uniquement en France de la perfection du fentiment de l'Acteur; & l'on conviendra certainement que c'étoit le moyen le plus fûr de parvenir à la vérité de la déclamation.

DES CHŒURS.

Les Italiens ne s'appliquèrent pas feulement à imiter la déclamation des Grecs : ils introdui-firent auffi, comme eux, des Chœurs dans leurs Tragédies, & parvinrent ainfi, par degrés, à créer ce genre dramatique, qu'ils nommèrent *Opéra*.

Le Chœur confiftoit, chez les Grecs, dans la préfence d'un ou de plufieurs perfonnages fur le Théâtre, pendant la repréfentation d'une Piece dramatique, dont on les fuppofoit fpec-tateurs, fans avoir aucune part à l'action. Le Chœur des anciennes Tragédies ne fut d'abord qu'un feul perfonnage, qui fe promenoit feul fur le Théâtre, chantant des Dithyrambes, ou des Hymnes, en l'honneur de Bacchus : il n'y avoit point alors d'Acteurs. Thefpis, pour foulager ce Chœur, introduifit un Acteur qui racontoit les aventures de quelque Héros. Efchyle, trouvant ce perfonnage infuffifant pour captiver & fixer l'attention des Auditeurs, en ajouta un fecond, qui converfoit avec lui, & raccourcit le chant du Chœur, afin de laiffer plus de place au Récit. Lorfque la Tragédie commença à prendre une forme plus réguliere, le Récit, qui n'étoit regardé auparavant que comme partie acceſſoire, & introduit ſeulement pour donner au Chœur le temps de reprendre haleine, commença à former la partie principale de la Tragédie. On incorpora enſuite le Chœur avec les Acteurs : on le faiſoit quelquefois parler; & le chef, qu'on appella Coryphée, entonnoit le chant, qui étoit exécuté par tout le Chœur. Quelquefois le Chœur ſe joignoit aux Acteurs, pendant la repréſentation, exprimant des complaintes & des lamentations ſur les malheurs dont les perſonnages étoient affligés : mais ſa fonction propre, & celle à laquelle il étoit particuliérement deſtiné, étoit de paroître dans l'intervalle des Actes ; en ſorte que, lorſque les Acteurs quittoient la Scene, le Chœur paroiſſoit, & amuſoit les Spectateurs. Le ſujet de ces chants rouloit ordinairement ſur ce qu'on venoit de repréſenter, & ce qu'il chantoit avoit toujours rapport à l'action. Les François & les Anglois ont abandonné l'uſage des Chœurs dans leurs Tragédies, parce qu'ils nuiſoient à l'intérêt, & pour donner une plus grande vraiſemblance aux intrigues qui demandent du ſecret. Ils n'ont pas admis non plus les Chœurs des anciennes Comédies, parce que leur emploi étoit de cenſurer les vices en attaquant les perſonnes.

Les Italiens n'ont pas été fi féveres, & cela ne doit pas furprendre, puifqu'on fait que les Spectateurs des Opéra (qui font leurs feules Tragédies) ne s'intéreffent point à la conduité de l'action, & ne prêtent jamais attention qu'aux Airs qu'on y chante.

Dès le commencement du Théâtre Italien, la Mufique étoit toujours entremêlée avec l'action : la maniere de l'introduire dans le Drame même a néanmoins varié. On commença d'abord par chanter des Chœurs, qui, à l'imitation des Anciens, étoient admis dans les Tragédies : on chanta enfuite des Prologues, des Intermedes en vers & des Epilogues. Lorfque le goût devint plus épuré, que le Théâtre fut plus perfectionné, & qu'on y repréfenta des Pieces plus régulieres, on fufpendit, pendant environ trente ans, l'ufage d'entremêler la Mufique avec la repréfentation des Drames tragiques & comiques. Le motif qui engagea à bannir fi fubitement la Mufique, fut vraifemblablement l'incompatibilité des Chœurs avec la régularité des Drames. Cependant les Poëtes renoncerent bientôt à cette févérité fcrupuleufe qu'ils avoient fait paroître en adoptant cette réforme; ce qui occafionna un nouveau changement, dont aucun Ecrivain Italien ne nous apprend le motif. Après avoir repréſenté les Tragédies ſans Chœurs, on admit de nouveau la Muſique dans les Prologues de Comédies, & peu-à-peu on introduiſit des Intermedes, qui n'avoient aucun rapport au ſujet des Pieces; quelquefois même ces Intermedes n'avoient aucune liaiſons les uns avec les autres : le plus ſouvent néanmoins trois ou quatre Intermedes formoient une action ſuivie, ce qu'on regardoit comme un grand ornement pour la Piece principale. Tous ces eſſais donnerent naiſſance aux Opéras & aux Intermedes italiens.

DE L'OPÉRA ITALIEN.

Le genre de l'Opéra, en Italie, s'étendoit autrefois à toutes ſortes de ſujets : mais depuis qu'on y a abandonné l'uſage des machines, les ſujets ne ſont plus tirés de la Mythologie, de la Féerie, ni de la Paſtorale ; le genre de l'Opéra n'admet plus que des ſujets hiſtoriques. Les anciens Poëmes italiens, deſtinés à être mis en muſique, prouvent que cette Nation eſt très-capable de bien traiter les ſujets d'Hiſtoire : mais depuis long-temps l'imagination ſtérile de leurs Auteurs modernes, ſemble avoir ſuccédé au génie fertile des anciens Poëtes Italiens. Leurs productions, en ce genre, ne ſont plus

que des copies informes & tronquées des Tragédies françoises, qui leur fourniffent le plan,
les fcenes, & jufques aux penfées de leurs
Opéra.

DES MOTETS.

On ne fait pas précifément fi les François
ont compofé les premiers des Motets, ou s'ils
ont en cela imité les Italiens : il eft certain que
leur véritable origine a été le chant figuré qu'on
a d'abord admis dans les Eglifes, les jours de
Fêtes folemnelles, qui eft le premier chant
chromatique connu, c'eft-à-dire, où l'on ait
fait ufage des demi-tons. Ce furent les Italiens
qui nommerent ce chant *Canto figurato*, par oppofition au *Canto fermo*, qui eft le Plain-chant;
& ils donnerent le nom de *Contrapunto*, contrepoint, à l'affemblage de deux ou plufieurs voix,
ou parties diftantes l'une de l'autre par des intervalles commenfurables. Or, on a vraifemblablement connu le contrepoint avant le quatorzieme fiecle, époque à laquelle Jean de Muris donna aux notes de mufique leur forme
actuelle, puifque le mot *Contrapunto*, qui défi-
gnoit originairement le point ou la note placée
vis-à-vis le fondement du chant *il Soggetto*,
femble annoncer qu'on marquoit encore les
notes avec des points, lorfqu'on inventa le contre-

point. Il est néanmoins constant que les Motets
n'ont pu réellement avoir lieu que lorsqu'on
fut parvenu à diversifier le chant par le temps
ou la valeur des notes. Ainsi, comme c'est en
France que la Musique acquit ce premier
degré de perfection, il est à présumer qu'on
y composa les premiers Motets, qui different
aussi des *Oratorio*, quant à la forme.

DES CANTATES.

Les François avoient aussi, avant l'établisse-
ment de leur Opéra, un genre de composition
dont le nom paroît indiquer qu'il a pris naissance en Italie; c'est la Cantate, dont la musique
étoit variée, comme celle des Motets, par des
récitatifs, & des Airs de différens mouvemens,
d'un chant agréable, avec accompagnement de
basse, & quelquefois d'autres instrumens. Le
sujet en étoit quelquefois tiré de l'Histoire
Sainte, & on l'appelloit alors Cantate morale ou
spirituelle, pour la distinguer de celle qui avoit
pour sujet l'Histoire profane ou la Fable. Les
paroles de ces Cantates consistoient partie en
récits, ayant pour objet au commencement
l'exposition du sujet, & à la fin, une réflexion
morale; partie en vers coupés, destinés à être
mis en Airs, pour exprimer les passions dont

le Héros du sujet devoit être affecté, ou l'endroit de la Fable le plus intéressant & le plus susceptible d'énergie, selon que ce sujet étoit ou purement historique ou mis en action.

DE L'OPÉRA FRANÇOIS.

Le genre du Motet & de la Cantate pouvoit admettre qu'un sujet borné, consistant uniquement en récit, ou dans une action, dont l'artifice qui l'amenoit ne pouvoit cacher l'imperfection. On sentit qu'on ne pourroit la rendre réguliere & intéressante, qu'en donnant au sujet la forme du Drame, & l'on inventa l'Opéra, dont le premier essai fut représenté à Venise. La nouveauté & la magnificence de ce Spectacle, embelli par l'accompagnement des instrumens, la richesse des habits, le merveilleux des machines & des décorations, dont l'effet est d'enchanter l'ame, les yeux & les oreilles, ne pouvoit manquer d'exciter l'admiration générale. Le Cardinal Mazarin tenta de l'introduire à Paris, où il fit représenter *la Festa theatrale* en 1645, & l'année suivante, Orphée & Euridice. La Tragédie d'Andromede, de P. Corneille, ornée de chants & de machines, & représentée en 1650, étoit encore une espece d'Opéra, ainsi que la plupart des Ballets de Benfe-

rade, que Louis XIV commença à danſer en
1651. Les Opéra italiens étoient déja admis dans pluſieurs Cours de l'Europe. On fut
incertain, en France, ſi on y admettroit auſſi
les Drames en Langue italienne mis en muſique. On donna en 1659 une Paſtorale françoiſe, dont Cambert fit la muſique, & deux
ans après, une Tragédie intitulée Arianne.
En 1660, dans l'intervalle des repréſentations
de ces deux Pieces, le Cardinal Mazarin, prévenu en faveur de ſa Patrie, fit repréſenter
Ercole Amante : en ſorte que ce ne fut qu'après
un mûr examen qu'on jugea, dans ce temps-
là, que notre Langue étant naturellement
douce & facile à prononcer, des paroles françoiſes étoient auſſi propres à être chantées que
des paroles italiennes. Louis XIV permit en
conſéquence à un nommé Perrin d'établir des
Académies de Muſique pour chanter des Pieces
de Théâtre ; il ne fut plus queſtion d'employer
des Acteurs d'Italie : mais on fit venir du Lan-
guedoc les plus habiles Muſiciens, qu'on tira des
Egliſes Cathédrales. Enfin le Roi tranſporta à
Lulli, en 1672 le privilege de Perrin ; & c'eſt
à cette époque qu'on doit rapporter l'établiſſe-
ment fixe & permanent du Théâtre de l'Opéra.

DU RÉCITATIF FRANÇOIS.

Les premiers Poëmes, en ce genre, furent, comme on fait, composés par Quinault, & la Musique par Lulli. Elle étoit composée de Récitatifs, de grands & de petits Airs. Quant au chant de la voix, c'étoit à-peu-près la même disposition que celle de la musique des Opéra italiens. Mais il paroît que Lulli, quoique né dans ce pays-là, sentit que ce qui y convenoit ne réussiroit pas en France : il pensa, sans doute, que le Récitatif devoit être une espece de chant analogue à la prononciation ordinaire, dont néanmoins les inflexions demandent à être d'autant plus marquées, qu'on ne peut y admettre les variations sans nombre que la déclamation naturelle admet, & conséquemment que les Langues françoise & italienne se prononçant différemment, le Récitatif d'Italie ne pouvoit pas convenir en France. La nécessité d'en établir un autre lui fournit l'occasion d'éviter cette triste monotonie de celui de sa Nation, qui n'étant ni chant ni déclamation naturelle, ne pouvoit être que très-ennuyeux. Il créa donc un Récitatif nouveau, qu'il rendit plus chantant, & par-là même plus intéressant pour des oreilles délicates, dont le sentiment n'avoit pas encore été émoussé par de fortes secousses. Il est vrai qu'il dut être, par la même raison, plus lent & plus traîné : mais ce n'étoit pas un aussi grand défaut qu'on se l'imagine aujourd'hui, puisque le sujet des Poëmes étant toujours tiré de la Mythologie, ou de la Féerie, il étoit tout naturel que les Spectateurs se prêtassent facilement à l'illusion, qui leur faisoit concevoir que des Dieux, les Héros de la Fable, ou les Fées, devoient parler tout autrement & plus majestueusement que les hommes. Enfin, quoique le chant de ce Récitatif fût ordinairement noté en trois temps, l'Acteur avoit la liberté d'altérer les mesures, & de les faire plus longues ou plus courtes, selon que le sujet lui paroissoit le requérir. Ainsi, quoique la basse fût placée au-dessous, celui qui accompagnoit écoutoit & suivoit plu-tôt celui qui récitoit, que celui qui battoit la mesure. Les grands Airs des Opéra de Lulli différoient du Récitatif, en ce qu'étant réservés pour les endroits les plus intéressans du Poëme, & destinés à l'expression des passions, leur mouvement étoit plus marqué, & réglé par les différens temps que le Compositeur jugeoit convenir aux différentes situations : l'Acteur, en les chantant, étoit obligé de se foumettre rigoureusement à la régularité de la mesure, & des mouvemens lents ou accélérés, qui lui étoient prescrits. Ces Airs répondoient à ceux que les Italiens nomment Récitatifs obligés. Quant aux petits Airs de Lulli, ils ne différoient pas des Vaudevilles. Je ne parle pas des Chœurs; la Science de l'Harmonie étoit encore au berceau.

On a prétendu que nos Musiciens étant en très-petit nombre du temps de Lulli, & incapables d'exécuter une Musique plus savante, ce Musicien ne fit pas tout ce qu'il auroit pu faire, si son génie n'avoit pas été forcé de se resserrer dans les bornes tracées par la médiocrité du talent de ceux qui exécutoient sa Musique. Il est vrai que, sans parler des Chanteurs, les Violons de l'orchestre étoient alors si peu habiles qu'ils ne savoient pas démancher, ce qui obligeoit à donner moins d'étendue aux chants des voix & des accompagnemens. Mais ils n'étoient pas plus habiles dans le temps de Lalande, Campra & même Mouret, dont la Musique est néanmoins plus variée & plus saillante. D'ailleurs, la Musique de Corelli, contemporain de Lulli, étoit tout aussi simple que la sienne. Ainsi il me paroît qu'on est assez mal fondé

Différence de la Musique italienne & de la Musique françoise.

à faire une diſtinction, auſſi grande qu'on la
fait, entre la Muſique françoiſe & la Muſique
italienne, ſoit pour la ſcience de la modulation,
ſoit pour celle de l'harmonie; & ſi l'on avoit
voulu y faire attention, en dépouillant toute
prévention, on auroit bientôt terminé toutes
les diſputes qui ſe ſont élevées à ce ſujet.
On auroit vu que la ſeule différence ſenſible
entre les deux ſtyles ne conſiſte que dans
la maniere d'exprimer les paſſions plus ou
moins fortement, des coups de pinceau plus
hardis d'un côté, & plus adoucis de l'autre.

Raiſon de cette différence.

En effet, puiſque la différence des climats
fait qu'on ne prononce pas de la même maniere, ils doivent néceſſairement en mettre
dans le chant, qui n'eſt qu'une prononciation
plus marquée & plus énergique. Chaque langage & la façon de le prononcer ſont conformes au tempérament, au génie & au caractere
du Peuple qui le parle; & chaque Nation étant
différemment affectée par les paſſions, doit les
exprimer différemment. Le ton d'un François
ou d'un Italien en colere n'eſt pas le même,
& conſéquemment leur Muſique doit exprimer différemment cette paſſion : il en eſt de
même des autres. L'Italien eſt naturellement lent

& férieux : mais il ne faut pas en conclure que
cette lenteur doive imprimer à fa Mufique le
même caractere. Si l'on réfléchit que les hommes doués de ce tempérament font affectés plus
vivement que les autres par les paffions, on
ne fera plus étonné que les Italiens propor-
tionnent la force de leurs expreffions à la vivacité de leurs fenfations : c'eft pour cela que le
ton de leur Mufique eft exagéré comme celui
de leur Poëfie, & tombe dans une caricature
très-vicieufe. Ce défaut n'eft devenu néanmoins
bien fenfible que depuis qu'ils ont corrompu &
altéré leur Mufique par l'abus des ornemens &
la variété trop recherchée de leurs modulations, en croyant la perfectionner. On conviendra fans peine que le ftyle de leurs com-
pofitions étoit, il y a cinquante ans, piquant,
fleuri & expreffif; on en peut juger par celles
de Pergolefe : mais celui de leur Compofiteurs
eft aujourd'hui bien différent.

Le caractere du François eft gai & doux:
fa gaieté émouffe, en quelque forte, la violence
de fes fenfations, & fa douceur le porte naturellement à l'affabilité & à la tendreffe, qui font
peintes dans le ftyle de fa Mufique, comme
dans fes manieres; il eft, comme elles, naturel,

coulant, tendre & noble. Ces avantages ne pourront vraisemblablement qu'augmenter par les ornemens dont on l'embellit chaque jour, chez une Nation dont le goût austere & délicat paroît devoir en empêcher l'abus. Je ne puis mieux terminer cet article que par ces vers de Voltaire.

> La Nature féconde, ingénieuse & sage,
> Par ses dons partagés ornant cet univers,
> Parle à tous les humains, mais sur des tons divers.
> Ainsi que son esprit, tout Peuple a son langage,
> Ses sons & ses accents, à sa voix ajustés,
> Des mains de la Nature exactement notés :
> L'oreille heureuse & fine en sent la différence ;
> Sur le ton des François il faut chanter en France.

EXAMEN DES AVANTAGES DES LANGUES FRANÇOISE ET ITALIENNE PAR RAPPORT A LA MUSIQUE.

Les Partisans outrés de la Musique étrangere emploient différens moyens pour l'accréditer parmi nous : les uns prétendent que notre Langue n'est pas musicale, comme la Langue italienne ; d'où ils tirent la conséquence qu'il n'est pas possible de faire de bonne Musique sur des paroles françoises : d'autres, abstraction faite

des

des avantages que l'une a sur l'autre, par rapport au chant, soutiennent que les Italiens seuls
ont le talent d'exprimer les passions, & d'enchanter nos oreilles. Ce que j'ai dit de l'influence
des climats & des caracteres, sur la maniere
de sentir & de s'exprimer, est suffisant pour
répondre à la prétention des derniers. Quand,
d'ailleurs, je leur accorderois que la Musique
italienne est en elle-même, c'est à dire séparée
des paroles, plus gaie & plus saillante que toute
autre, ce qui n'est néanmoins pas incontestable;
je ne vois pas trop de quelle considération
pourroit être sa supériorité à cet égard, puisqu'une Musique instrumentale ne peut aucune-
ment affecter mon ame, mais amuse seulement
mes oreilles, de même qu'une étoffe nuée de
plusieurs couleurs peut récréer ma vue, sans
intéresser mon esprit.

Quant aux autres, j'ignore ce qu'ils enten-
dent par Langue musicale : appellent-ils ainsi
une Langue harmonieuse par elle-même, ou
dont la terminaison des mots sont sonores? Je
vais, sous ces deux points de vue, tâcher d'examiner les avantages des deux Langues.

De toutes les Langues dérivées du Latin,
l'italienne est celle qui a conservé, quant à
ses mots, les rapports les plus sensibles avec

D

ſon original. Ses mots , en général, ſont expreſ-
ſifs, & repréſentent très-bien toutes les idées:
cependant on lui reproche d'avoir un trop grand
nombre de diminutifs & de ſuperlatifs , ou plutôt
d'augmentatifs, dont la plupart eſt inutile. C'eſt
en vain qu'on voudroit donner l'emploi de ces
mots pour une preuve de la richeſſe de la
Langue : car les uns ne préſentent à l'eſprit
qu'une mignardiſe puérile & affectée ; & c'eſt
pour cela que les François, qui faiſoient uſage
autrefois de ces diminutifs dans leurs Poëſies
galantes, les ont entièrement proſcrits : les
augmentatifs ne ſervent qu'à donner une idée
déſavantageuſe des choſes ; & les ſuperlatifs
n'offrant rien de plus que les juſtes idées des
mêmes choſes, auſſi bien que les mots ſimples,
ſi ce n'eſt qu'ils amplifient, leur emploi n'eſt
pas moins défectueux que celui des pléonaſmes
& des hyperboles.

La Langue latine, mere de l'italienne, étoit
nerveuſe & harmonieuſe , & par-là parfaitement conforme au caractere du Peuple qui la
parloit. La Langue italienne correſpond auſſi
très-bien à celui des Italiens : ils ſont lents &
penſifs , ce qui fait qu'ils appuient avec peſanteur, quoiqu'avec douceur , ſur leurs mots. Ils
ont une grande paſſion pour la Muſique ; &,

pour la satisfaire, ils ont altéré l'abondance de leurs mots primitifs, en supprimant des consonnes, & leur substituant des voyelles, adoucissant & alongeant leurs terminaisons en faveur de la cadence. Cette réforme la rend plus propre à la Musique : mais elle manque de force & de nerfs ; ce qui est cause que ses mots, pour la plupart quoiqu'empruntés du Latin, sont si déguisés, qu'on a peine à les reconnoître.

Ce défaut de la Langue italienne, qui lui donne plus d'aptitude à peindre les passions douces que les passions véhémentes, prouve bien que les mœurs d'un Peuple influent beaucoup plus sur la nature de son langage que tous les soins qu'on peut prendre pour le polir & le perfectionner, puisque les mêmes moyens operent des effets tout opposés chez des Peuples qui ont des mœurs différentes. Ce qui contribua particuliérement à polir la Langue grecque, & à la rendre la plus capable de toutes les Langues d'exprimer les choses avec énergie & harmonie, ce fut l'amour qu'ils eurent pour la Musique. Comme leurs vers se chantoient, ils laisserent à leurs Poëtes la liberté de faire différens changemens dans la Langue, soit en ajoutant à un mot des lettres, soit en retranchant, en l'alongeant, en le coupant, &c. Ces Poëtes la changerent ainsi, par degrés; &, en la perfectionnant, ils en formerent une nouvelle Langue, toute différente de ce qu'elle étoit dans son origine.

Les Italiens sont de même redevables de l'amélioration de leur Langue à leurs Poëtes, qui commencerent à introduire la coutume d'éviter soigneusement le son de la lettre *E*, qui terminoit beaucoup de leurs mots, lorsqu'elle n'étoit pas suivie d'un autre mot commençant par une consonne qui pût en relever le son. Ils ne se contenterent pas d'en sauver le son lorsqu'elle étoit suivie d'une autre voyelle; mais ils la retrancherent dans beaucoup d'infinitifs qui se terminent par cette lettre, même lorsqu'elle étoit suivie d'une consonne, afin d'en empêcher la trop fréquente répétition, usage qui a tellement prévalu, qu'ils le suivent aussi dans leur prose. Ainsi, par exemple, au lieu de dire : *Non mi è nuovo l'udire parlare honoramente*, ils disent : *Udir' parlar' honoramente*, faisant l'élision de la derniere voyelle, quoique suivie d'une consonne. Ils retranchent de même quelques lettres à la fin de certains mots. Ainsi ils disent *gran* pour *grande*, *san* pour *sano*, *alcun* pour *alcuno*, & *ben* pour *bene*, &c. De même, au lieu de *parlare*, *infegnare*, *dechiarare*, *moſtrare*, ils diſent *parlar*, &c. Cela vient certainement de ce que les Italiens ayant défiguré la Langue latine, ſa majeſté a dégénéré en peſanteur, dont leurs Poëtes ont voulu corriger l'effet, & ils ont cherché à donner plus de légéreté à leur langage, en raccourciſſant les mots.

Ce motif n'eſt point ici ſuppoſé : on en tire la preuve d'un Ouvrage de Bembo, intitulé *le Proſe*, où en parlant de deux paſſages de Pétrarque, dans l'un deſquels il a écrit *Huom* pour *Huomo*, & dans l'autre, *Popol* pour *Popolo*, Bembo dit que Pétrarque avoit rendu agréables (1), par le retranchement des voyelles finales, deux mots qui, ſans cela, auroient eu une chûte languiſſante.

Nous n'avons pas eu beſoin de ces altérations dans notre Langue, qui eſt par elle-même la plus douce & la plus légere de toutes les Langues vivantes. Mais elles étoient néceſſaires aux Italiens, qui aiment les voyelles ſonnantes, & ont cherché d'autant plus à les multiplier dans

---

(1) Erano *Huomo* & *Popolo* le intere voci, dalle quali egli levò la vocale loro ultima, la quale ſe egli levata non haveſſe, elle ſarebbono ſtate voci alquanto languide & ſcſcanti, che hora ſono leggiadrette & gentili.

D iij

leur Langue, que la terminaison de leurs mots est d'une uniformité monotone ; leurs noms substantifs & adjectifs finissent tous en *O*, en *A*, ou en *E* ; les deux premieres lettres se rencontrent presque toujours à la fin des différens temps de leurs verbes, dont les infinitifs se terminent tous en *are*, *ere* ou *ire*. Les François, au contraire, ont une infinité de noms qui finissent par des consonnes, sans parler de vingt-quatre terminaisons de verbes réellement différentes ; & il est évident que c'est pour imiter cette grande variété de nos terminaisons, que les Italiens ont admis les élisions, comme on le voit dans les exemples que j'ai donnés ci-dessus, aussi-bien que dans les élisions de leurs mots en *ore*, qui répondent aux nôtres finissant en *eur* : ainsi, pour *calore*, *chaleur*, ils disent, *calor'* ; pour *fiore*, *fleur*, ils disent, *fior'*, &c.

Quoiqu'on ne puisse disconvenir que l'emploi fréquent des élisions, que les Italiens ont admises, a rendu leur Langue un peu moins monotone, il s'en faut beaucoup qu'il lui ait procuré l'agrément varié des terminaisons de notre Langue. Leurs Poëtes, qui ont introduit ces changemens, n'auroient pas pu user d'une plus grande liberté, sans changer la Langue entiere ; & il y a même tout lieu de croire que les Italiens n'auroient pas souffert de plus grands change-

mens, qui les auroient privés des fons qui flat-
toient leurs oreilles. Car on obferve une différence marquée & conftante entre le génie ou le
goût d'une Nation & la Langue qu'elle parle:
comme chaque voyelle a un fon particulier,
plus fort ou plus foible, chaque Nation, felon
fon inclination dominante, affecte de fe fervir
des voyelles qui conviennent le plus à fon humeur, & c'eft ce qui a donné lieu aux différentes Dialectes de la Grece. Les Efpagnols,
qui font naturellement graves & fiers, fe font
fervis de mots qui empliffent la bouche, qui
demandent une grande ouverture, de grands
mots qui fonnent beaucoup. Ainfi ils répetent
beaucoup l'*A* : ils terminent un grand nombre
de leurs mots en *O* & en *Os*, terminaison qui eft
très-fonnante. Les Italiens font auffi un grand
ufage des terminaifons en *A* & en *O*, parce
qu'ils aiment naturellement l'amplification &
l'exagération. Les François, qui aiment ce qui
eft naturel, & fuient l'affectation, fe fervent
volontiers de la lettre *E*, dont la prononciation eft plus douce : ils emploient néanmoins
es élifions, afin d'en éviter la trop fréquente
répétition : mais on peut remarquer que ces élifions, qui font rudes dans les autres Langues,
n'ont rien de défagréable dans la nôtre, parce

D iv

que plusieurs mots se terminent en *E* , dont l'élision est beaucoup plus douce que celle des autres lettres. On peut citer pour exemple ce vers alexandrin , où l'on compteroit vingt-une syllabes s'il n'y avoit point d'élision , & dont la prononciation est fort douce :

J'aime une amante ingrate , & n'aime qu'elle au monde.

On seroit mal fondé à dire que c'est précisément la terminaison de presque tous les mots en voyelles , & le fréquent retour des voyelles sonnantes , qui donne à la Langue italienne l'avantage d'être plus sonore , & conséquemment plus propre au chant que la nôtre , dont beaucoup de mots sont terminés par des consonnes. Si l'on devoit juger de la disposition d'une Langue à être chantée par les sons bruyants & monotones de ses mots , sans égard à leur variété, l'italienne mériteroit sans doute la préférence : mais si , au contraire , cette disposition dépend du mélange harmonieux de sons diversifiés par des voyelles différemment accentuées , & leurs différentes combinaisons avec les consonnes , on ne pourra certainement nier que la Langue françoise ne soit réellement plus mélodieuse par elle-même & plus disposée au chant. On ne persuadera jamais que les sons qui résultent

de cinq terminaiſons, & qui ſe ſuccedent tour-
à-tour & coup ſur coup l'un à l'autre, puiſſe
faire d'autre effet que de fatiguer & d'ennuyer
l'oreille.

Ce qui diminue encore le nombre des ſons
de la Langue italienne, c'eſt qu'ils ne font point
uſage de nos diphthongues, excepté *Au* & l'*Ou*;
qui ſont celles qui ſervent moins à la variété,
puiſque le ſon de *Au* eſt preſque le même que
celui de l'*O*, dont la diphthongue *Ou* ne differe auſſi qu'en ce que le ſon en eſt plus obſcur.
D'ailleurs, les Italiens, en faiſant ſonner l'*U*
comme une diphthongue, ont perdu une voyelle
dont la prononciation eſt douce & agréable.

DES ACCENTS.

On a prétendu que notre Langue ne ſe ſert
pas d'accents, comme la Langue italienne, qui
tire de leur emploi une grande variété de
ſons. Je n'aurai pas de peine à prouver que
tout, à cet égard, eſt encore à l'avantage de la
Langue françoiſe. Nos mots ſont compoſés de
ſyllabes longues & breves, qui ne pourroient
être telles, ſi elles n'étoient différemment accentuées. Chacune de nos cinq voyelles peut ſe
prononcer différemment, ſelon la nature du
temps qu'on s'arrête à là faire ſonner. Ainſi,

quoique nous n'ayons pas de caractères particuliers pour les diſtinguer, comme les Grecs,
qui, outre les mêmes voyelles, déſignoient l'*E*
long par ʜ, & l'*O* long par ꞷ, ce qui leur for-
moit ſept voyelles ; nous avons réellement
pardeſſus eux l'avantage d'en avoir dix, puiſque
chacune de nos cinq a deux quantités différentes.
Nous ſuppléons quelquefois au défaut des caractères par les accents aigus, graves ou cir-
conflexes, principalement lorſqu'il s'agit de
diſtinguer des mots qui ont des acceptions
différentes, comme dans ceux-ci, *mâtin, matin ;
mâle, malle ; pâte, patte ; pêcher, pécher*, &c.
Les accents aigus ſe placent ordinairement ſur
les *E* brefs, pour les diſtinguer des *E* muets,
comme dans *foſſe, foſſé ; arrête, arrêté*, &c. Lorſqu'il ne peut y avoir d'équivoque ſur l'acception
d'un mot, nous ne marquons point les accents ;
mais ceux qui parlent ne laiſſent pas de les obſerver, en s'arrêtant davantage ſur les longues
que ſur les breves, afin d'en faire ſentir la
quantité. Il ſuffit d'en donner pour exemple les
mots, *claſſe, grace, place, trace ; preſſe, bleſſe ;
perdiſſe, propice ; groſſe, croſſe ; vouluſſe, au-
muſſe.*

On a prétendu que les Italiens obſervoient
mieux les accents de leurs mots, en les pro-

nonçant, que nous ne faifons : mais il falloit
dire qu'ils les font fentir avec plus d'emphafe.
On a donné pour exemple le mot *Republica*,
dont ils font beaucoup mieux fentir l'antépénul-
tieme que nous dans *République* : mais on n'a
pas fait réflexion que cette fyllabe eft breve dans
notre Langue, à caufe de notre voyelle *U*, qui
eft toujours breve de fa nature ; au lieu que les
Italiens doivent la faire longue, puifqu'ils prononcent cette lettre comme la diphthongue *Ou*.
L'*U*, en françois, n'eft jamais long que dans
les mots où cette voyelle étoit autrefois fuivie
d'une *S*; elle n'avoit d'autre emploi que d'en
déterminer le temps, qui eft mieux indiqué par
l'accent circonflexe qu'on met à préfent fur l'*U*
long.

DES QUANTITÉS.

Aucune Nation ne fuit aujourd'hui, dans la
quantité des mots de fa Langue, à l'égard principalement des voyelles fuivies de deux confonnes,
l'ufage des Romains, qui les faifoient arbitrairement longues ou breves, mais qui avoient
auffi des fyllabes dont la quantité étoit invariable. Les quantités arbitraires pouvoient être
commodes pour les Poëtes, mais font réelle-

ment un défaut, en ce qu'elles rendent la prononciation incertaine. Les Nations modernes
ont réglé leurs quantités sur la convenance & le
rapport des sons à l'oreille : mais les unes ont
eu égard à la qualité du son des syllabes, & les
autres à celle du son des mots. Les Italiens n'ont
d'accents que sur les trois dernieres syllabes de
leurs mots, & ils ne marquent jamais que ceux
qui doivent se faire sentir sur la derniere, comme
dans quelques personnes des temps de leurs
verbes, & dans les mots dérivés de ceux des
Latins, qui se terminoient en *as*. Ils prétendent
tirer un grand avantage des accents qu'ils font
sentir sur l'avant-derniere syllabe de leurs mots,
comme dans *dìcono*, *pàrlano*, *piàngono*, *cami-*
nano, &c. qui les enrichit d'autant de dactyles.
Ce n'est cependant pas chez eux la qualité des
syllabes qui fixe leur longueur, mais la place
qu'elles occupent dans les mots, puisqu'ils
prononcent *sèmina* & *semìnano*, *àndaro* & *an-*
dàrono, &c. où la longue est toujours sur l'anté-
pénultieme. Leur maniere de placer les accents
sur les pénultiemes syllabes est tout aussi arbitraire : d'où il suit que la quantité de leurs
mots est si précaire & si peu fixe, qu'on peut
la regarder comme nulle.

La quantité dépend, au contraire, dans
notre langue, de la qualité propre du fon de
chaque fyllabe, & fixée par un ufage invariable. Comme nos accents, qui marquent ces
quantités, n'ont point de place purement relative à la longueur de nos mots, il s'enfuit que
notre Langue n'eft pas monotone comme l'italienne, qui n'offre aux oreilles qu'une répétition affectée & faftidieufe des dactyles & des
fpondées toujours placés à la fin de leurs
mots; en forte que les autres fyllabes n'ont
aucune valeur déterminée. Nos longues & nos
breves fe trouvant placées tantôt à un endroit,
tantôt à un autre de nos mots, cet arrangement diverfifié produit néceffairement toute
forte de pieds métriques, réfultants des combinaifons variées des longues & des breves. Ainfi,
comme en Mufique les combinaifons des noires
& des croches répondent à celles des pieds
métriques, il faut en conclure que notre Langue eft plus muficale, puifqu'elle admet un
plus grand nombre de combinaifons de ces
pieds. J'accorderai, fi l'on veut, à l'italienne
le mérite d'être plus fonore; mais je réferverai
à la nôtre celui d'être plus harmonieufe.

AVANTAGES QU'ON PEUT TIRER DE L'HARMONIE DE LA LANGUE FRANÇOISE.

Quel que foit l'avantage de la Langue françoife fur l'italienne, il n'aura aucune influence fur notre Mufique, fi nous ne favons pas en tirer parti, c'eft-à-dire, fi les notes longues & breves ne correfpondent pas parfaitement aux fyllabes longues & breves des mots ; ce qui ne peut jamais être, lorfque le Muficien n'obfervera pas la profodie de notre Langue, & qu'il ne réglera pas fon chant fur les quantités de fes mots. On peut dire, avec vérité, qu'aucun Compofiteur de Mufique ne fe foumet à cette regle, quoique tout le monde convienne qu'elle eft d'une obligation indifpenfable, fi l'on veut que l'oreille ne foit pas choquée par le fon des fyllabes prononcées autrement qu'elles ne doivent l'être.

La violation de cette regle effentielle a deux caufes principales, favoir : l'ignorance des quantités de nos mots de la part du Muficien; & la gêne où l'obfervation des regles le met, en l'obligeant de donner à fon chant une tournure différente de celle qu'il lui auroit don-

née, fi fon imagination n'avoit pas été con-
trainte.

L'embarras que les regles de la profodie
donnent au Muficien ne peut être un prétexte
raifonnable pour les négliger ; & tout homme
fenfé ne regrettera jamais de n'avoir pu placer un chant plus agréable en apparence, fur
des paroles dont les quantités n'auroient pu
quadrer avec celles de fa Mufique, puifque ce
chant auroit perdu dès-lors toute l'expreffion
qu'il avoit par lui-même.

Je fais qu'un Ecrivain célebre s'eft peu em-
barraffé de nos quantités dans un Opéra dont
il a fait les paroles & la Mufique ; & certainement on ne l'accufera pas d'ignorance. Mais il
a cru apparemment, comme quelques Auteurs
l'ont foutenu, que notre Langue n'a point de
longues & de breves, & qu'une même voyelle
s'y prononce toujours en des temps égaux; ou,
comme d'autres prétendent encore, que nos
mots ont deux prononciations différentes, l'une
en profe & l'autre en vers. C'eft ce qui lui a
fait dire que les François n'ont point de Mufique. Une conféquence naturelle de cette affertion feroit que nous n'avons point de verfification, puifque le rhythme eft la Mufique
d'un Poëme, & que nos vers ne confiftent que

dans un certain nombre de pieds de deux fyllabes, fuppofées égales en valeur, & dans la
terminaifon par un fon confonnant avec celui
d'un autre vers.

Voffius avoit dit, avant M. Rouffeau, qu'un
rhythme qui n'exprime pas la véritable forme &
la figure des chofes ne peut rien peindre à l'imagination, & que c'eft avec raifon qu'on avoit
inventé pour cela les anciens nombres poëtiques, qui feuls peuvent produire cet effet. Il
ajoute que les Langues & les vers modernes
font abfolument impropres à être mis en chant,
& que nous n'aurons jamais de véritable Mufique vocale, tant que nos Poëtes ne fauront
pas faire des vers propres à être chantés, c'eft-
à-dire, tant que nous ne donnerons pas une
nouvelle forme à notre langage, en rétablif-
fant les quantités & les pieds métriques, & en
banniffant notre rime barbare. Nos vers fe pré-
cipitent, ajoute-t-il, comme s'ils n'étoient compofés que d'un feul pied ; de maniere qu'il n'y
a aucun rhythme réel dans notre Poëfie : nous
ne cherchons feulement qu'à former un nombre
égal de fyllabes dans un vers, de quelque nature
& en quelque ordre que ce foit.

Ce défaut, qui n'eft que trop réel dans notre
verfification, avoit auffi fait defirer à Henri
Etienne

Etienne qu'on introduisît l'usage de nombrer nos vers françois de la même manière que les Grecs & les Romains. Il a prétendu en prouver la possibilité, par la traduction de ce distique de Martial :

Phosphore, redde diem : cur gaudia nostra moraris ?
    Cæsare venturo, phosphore, redde diem.

Aube, redonnes le jour : pourquoi notre aise retiens-tu ?
    César va revenir ; aube, redonnes le jour.

POSSIBILITÉ DE FAIRE DES VERS FRANÇOIS MÉTRIQUES.

Henri Etienne trouvoit ces vers-là fort beaux ; peu de gens seroient de son avis : mais il faut aussi excuser ce Savant, qui n'étoit pas Poëte, & avoir moins d'égard au mérite de ces vers, qu'à la possibilité d'en faire de meilleurs en adoptant son système, & sur-tout en composant d'après son imagination, au lieu d'augmenter les difficultés par la gêne inséparable de la traduction. Le Pere Lamy a prétendu en prouver l'impossibilité, en disant que presque toutes nos voyelles se prononcent également, & qu'étant breves, nous n'avons pas assez de longues pour former différentes mesures. Il s'agit d'examiner si cette prétention est fondée, s'il est possible de faire des vers métriques fran-

E

çois, & quel avantage ils auroient fur nos vers rimés.

Il eft certain que chacune de nos cinq voyelles peut fe prononcer plus ou moins fortement ; ce qui les diftingue naturellement en voyelles lon-gues & breves. Tout le monde convient de cette vérité ; mais plufieurs foutiennent que cette différence de prononciation ne fe fait fen-tir que par l'abaiffement & l'élévation de la voix, & nullement par la mefure du temps qu'on emploie à les faire fonner. Il ne fera pas diffi-cile de prouver que c'eft précifément le con-traire ; &, pour y parvenir, je commencerai par établir la diftinction qu'on doit faire entre les degrés d'aigüité des fons confidérés ou quant à leur élévation, ou quant à leur durée.

La gravité & l'aigüité des fons, confidérées par rapport à l'abaiffement & à l'élévation de la voix, ne peuvent donner plus ou moins de longueur à la prononciation de nos fyllabes ; car ces qualités fe déterminent uniquement par le degré de tenfion plus ou moins grand d'un corps fonore, en vertu duquel fes parties éprouvent des vibrations plus ou moins vives, en plus grand ou en plus petit nombre, dans un même efpace de temps. Les degrés d'aigüité de notre voix, confidérés fous ce rapport, n'apportent donc aucune différence au temps de la prononciation des syllabes; mais ils les diftin- guent par la vîtesse & la quantité des vibra- tions, qui font qu'un ton est plus bas ou plus élevé. L'emploi de ces différens tons s'appelle accent, dans le langage ordinaire; & c'est la partie de la Rhétorique qu'on a nommée *pro- nonciation.* Elle confiste à varier & régler la voix agréablement, felon la matiere ou les mots du difcours, de façon à faire entendre plus parfaitement une phrafe, qui pourroit s'inter- préter différemment : c'est encore ce que l'on appelle *emphafe.* Les différens accents qui en réfultent devroient être nommés accents de penfée, comme l'obferve judicieufement Bacon, afin de les diftinguer des accents de mots dont je vais parler.

Nous avons trois accents de mots dans notre Langue, qui font l'accent aigu, le grave & le circonflexe, qui n'ont certainement pas pour objet de marquer l'abaiffement ou l'élévation de la voix. A quoi peuvent-ils donc fervir, fi ce n'est à déterminer le temps qu'on doit mettre à prononcer les voyelles? La même différence fe fait fentir entre une voyelle marquée d'un accent grave, & une autre marquée d'un ac- cent aigu, qu'entre une note blanche & une note noire, quant à la durée du son; la note noire & la voyelle aiguë n'ayant qu'un temps, tandis que la blanche & la voyelle grave en ont deux. Indépendamment des voyelles fur lesquelles on marque ces accents, les autres ont toujours une quantité différente, quoiqu'elles n'aient point d'accents; elle est alors déterminée par l'usage. Je conviendrai que, parmi nos syllabes formées d'une seule voyelle, nous en avons beaucoup plus de breves que de longues : mais c'est à tort que le Pere Lamy en infere la difette de ces dernieres dans notre Langue; la plus grande partie de nos syllabes, composées de diphthongues, ou de voyelles suivies de deux consonnes, se prononcent toutes dans un temps double de celui qu'on emploie à prononcer une voyelle marquée d'un accent aigu, & sont à-peu-près en aussi grand nombre que celles qui sont réputées breves par la position de l'accent, ou par l'usage.

L'observation des accents marqués ou supposés est absolument nécessaire pour prononcer les mots tels qu'ils doivent être. Car rien n'est plus dur & plus désagréable à l'oreille, que d'entendre une personne parler ou lire en donnant des sons contraires aux accents des mots, qui sont si essentiels pour distinguer les différentes acceptions de mots composés des mêmes lettres, mais différemment accentuées. Le désagrément est bien plus grand, si la prononciation d'une personne qui chante est vicieuse. Si la prononciation d'une Langue dépend de l'observation des accents, elle dépend donc aussi de la quantité des syllabes, qui est figurée par ces accents, & par conséquent ne peut être certaine que dans le cas où tous les sons de ces syllabes sont fixés & déterminés d'une maniere invariable, autant qu'il est possible. Cicéron nous dit qu'elle étoit sujette à des variations chez les Romains; & en effet, elle est plus arbitraire dans les Langues vivantes, qui sont plus sujettes à la coutume & à la mode. Nous n'avons point à craindre de changement dans la maniere de prononcer les mots de notre Langue, qui paroît avoir été fixée irrévocablement dans le dernier siecle.

La quantité des syllabes étoit établie de deux manieres parmi les Anciens; savoir, par des regles certaines qui les déterminoient longues ou breves, & par l'autorité de la coutume. Les regles formoient la partie de leur Grammaire, qu'ils nommoient prosodie : l'autorité consistoit dans les exemples qu'on citoit, comme des

témoignages de l'approbation des bons Auteurs.
On ne se servoit de l'autorité qu'au défaut des
regles, dont l'observation est toujours plus sûre.
La quantité des syllabes françoises est établie
sur les regles de la prosodie ancienne, qui ont
ont obtenu parmi nous l'autorité de l'usage, &
sur nos accents.

On a distingué les quantités des syllabes en
naturelles & accidentelles : les naturelles sont
celles qui sont fondées sur la nature d'une
voyelle, comme *rĕ* dans *resisto* est bref, & *dē* est
long dans *depello*. On les a nommées naturelles,
parce qu'on a supposé qu'elles devoient leur
origine à celle des sons que les premiers hommes
ont fait entendre, pour exprimer les différentes
sensations à la vue des objets qui frappoient
leurs yeux. Ces sons ont dû être naturellement
longs ou brefs, selon les circonstances ; ce qui
peut avoir donné les mêmes quantités aux syllabes, sur-tout initiales, dont on a composé les
mots hébreux ou phéniciens, qui passent pour
avoir formé la premiere Langue. Les variations
causées par les différentes manieres de prononcer, qui ont graduellement produit les Langues modernes, ne permet pas d'y reconnoître
ces mêmes quantités : mais nous en avons

d'autres qui en tiennent la place, & qui doivent vraisemblablement leur existence à l'étymologie des mots. Telles sont en François les voyelles longues, qui se rencontrent dans les mots *âme*, *dommâge*, *grâce*, *excès*, *fër*, *enfër*, *mïse*, *glôser*, *mûse*, &c. : elles sont longues, parce qu'elles avoient cette quantité dans les mots *grătia*, *mūsa*. Cela doit toujours se supposer, quand même on ignoreroit l'origine d'un mot. L'*a* n'est long dans *ame*, que parce qu'on écrivoit anciennement *alme*, comme on dit encore *alma* en Italien.

La quantité accidentelle d'une syllabe est déterminée par les lettres qui la suivent : ainsi *re* dans *rēstiti* est long, parce que l'*e* est suivi de deux consonnes ; & *De* est bref dans *Dĕus*, où l'*e* est suivie d'une voyelle : en François, on dit *rēster* & *rĕagir*, par la même raison.

Je conviens qu'en général nous avons un plus grand nombre de mots où nos voyelles, suivies d'une seule consonne, sont breves, que nous n'en avons où elles sont longues ; & que nous avons beaucoup d'*e* muets dont le son est toujours bref : mais nous trouvons, en récompense, un nombre de syllabes longues à-peu-près égal à celui de ces breves, dans presque toutes nos voyelles suivies de deux consonnes ; s'il y en a

quelques-unes breves ou douteuſes, c'eſt-à-dire,
dont le ſon eſt arbitrairement long ou bref,
le François n'a pas à cet égard plus de déſa-
vantage que le Latin, qui eſt dans le même
cas.

Nous n'avons point de regles écrites qui
fixent les quantités de nos ſyllabes; il y a même lieu de croire que les regles de la proſodie
latine ont été établies par les Grammairiens
modernes, ſur l'obſervation de l'uſage des Anciens. Mais nos oreilles apperçoivent facilement
dans notre Langue, la meſure du temps qu'on
emploie à prononcer chaque ſyllabe, ſans que
nous ayions beſoin de regles preſcrites. Ce ſentiment ſuffit pour nous mettre en état de rendre
nos vers nombreux, par une diſpoſition harmonieuſe & alternative des ſyllabes longues &
breves, entremélées de maniere que la trop
fréquente concurrence des breves ne les rende
par trop précipités, & que la trop grande mul-
titude de longues ne les rende pas peſans &
languiſſans. De ce mélange des longues & des
breves, il en réſultera néceſſairement des pieds,
& conſéquemment nous pouvons faire des vers
métriques : c'eſt ce que j'avois à prouver.

Je ſais qu'on m'objectera que la meſure de
ces vers oblige à des tranſpoſitions, & qu'elles

cauſeroïent dans notre Langue une obſcurité
qui ne peut avoir lieu dans les vers latins, parce
que leurs noms avoient des terminaiſons différentes dans chacun de leurs cas. J'avoue que
tous les cas des noms françois ont la même
terminaiſon, ce qui aſſujettit notre conſtruction
à l'ordre naturel, afin d'éviter l'obſcurité : mais
le mérite de cette objection ſpécieuſe s'évanoui-
ra, ſi l'on conſidere que la différence de la
conſtruction latine ne lui donne pas un ſi grand
avantage qu'il paroît au premier coup d'œil.
Cette Langue exige néceſſairement les inverſions ; & il n'y a pas plus d'avantage réel à y
être aſtreint, qu'à en être privé. S'il exiſte des
cas où elle ſouffre l'ordre naturel, il y a auſſi des
inverſions que nous pouvons admettre, quoiqu'en petit nombre ; & de plus, les terminaiſons
de nos noms ſont en général plus variées que
dans la Langue latine, ce qui compenſe l'uniformité des ſons de nos différens cas : ainſi les
avantages ſont à-peu-près égaux.

J'ajouterai à cela que la poſſibilité de faire
des vers métriques françois eſt prouvée par
l'exemple des Anglois, qui en font dans leur
Langue, dans laquelle les noms ſe terminent
uniformément dans tous leurs cas, auſſi bien
que les nôtres. Il eſt vrai que, pour ne pas

multiplier les difficultés., ils négligent la rime, qui en préfente de plus grandes que la combinaifon des longues & des breves.

DE L'INUTILITÉ DE LA RIME DANS LA POÉSIE LYRIQUE.

Il n'y a point de regle en Poëfie, dit l'Abbé du Bos (1), dont l'obfervation caufe plus d'embarras, & produife moins de beauté dans les vers, que la rime. Elle eftropie fouvent, & énerve prefque toujours le fens du difcours. Le foin de la chercher prive fouvent d'une penfée brillante, & notre Nation devroit avoir honte de faire plus d'attention à la richeffe d'une rime qu'aux penfées. Voltaire lui-même n'a pu donner à la rime d'autre mérite que celui de la difficulté vaincue.

Pourroit-on mettre le prétendu agrément qu'on lui fuppofe, en comparaifon avec le charme des nombres & de l'harmonie. La terminaifon d'une fyllabe par un fon particulier, n'eft tout au plus qu'une beauté relative, puifqu'elle confifte dans la conformité des fons entre les fyllabes qui terminent les deux derniers vers, ou les deux vers qui fe correfpon-

---

(1) Réflexions critiques fur la Poëfie & la Peinture.

dent. Un ornement dont la durée eſt ſi courte,
s'apperçoit donc ſeulement à la fin de deux
vers, c'eſt-à-dire, après que l'on a entendu le
dernier mot du ſecond vers, qui rime avec le
premier. Cet agrément ne devient même ſenſible qu'à la fin de trois ou quatre vers, ſi les
rimes maſculines & féminines ſont entremêlées,
de maniere que le premier & le quatrieme vers
ſoient maſculins, & les deux intermédiaires
féminins, diſpoſition qui a lieu dans pluſieurs
ſortes de Poëſies. Mais dans les vers même où
l'agrément de la rime ſe fait ſentir à la fin du
ſecond vers, c'eſt la conformité plus ou moins
grande entre les dernieres ſyllabes de ces vers
qui plaît à l'oreille. La plupart du temps, lorſqu'on entend la ſeconde rime, on ne ſe rappelle pas la premiere aſſez diſtinctement pour
être ſenſible à cette beauté, qui n'eſt que de
pure convention, ou tout au plus l'effet de la
réflexion, plutôt que d'une ſenſation agréable.
Mais quand elle ſeroit réelle, ſi elle eſt ſi difficile à ſaiſir, lorſqu'on entend lire des vers rimés, que devient-elle lorſqu'on les entend
chanter, & que l'oreille eſt occupée toute entiere des penſées de la Poëſie, & de l'expreſſion
de la Muſique? La rime eſt donc un agrément
également frivole & inutile, ſur-tout dans des

vers deftinés à être chantés. Les nombres &
l'harmonie donnent aux penfées un éclat conf-
tant & durable ; au lieu que la rime n'eft qu'un
foible éclair, qui difparoît après avoir jetté une
lueur paffagere.

La rime doit fon origine à la barbarie de
nos Ancêtres. Les Peuples dont les Nations
modernes font defcendues, & qui ont détruit
l'Empire Romain, avoient leurs Poëtes,
qui étoient ignorans. Le langage, dans lequel
ils écrivoient n'étant pas d'ailleurs affez perfectionné pour pouvoir être manié fuivant
les regles du metre, ils imaginerent de l'orner,
en terminant par le même fon deux parties con-
fécutives ou relatives d'un difcours, & en don-
n...nt à chacune la même étendue. C'eft ainfi,
felon toute apparence, que la rime a été in-
troduite en Europe. Non-feulement les Langues
modernes fubirent fon efclavage, mais on vou-
lut même l'employer dans les vers latins. L'ufage
des vers Léonins fut introduit dans le hui-
tieme fiecle, & ils étoient en grande eftime au
fiecle fuivant (1). La lumiere des Lettres fit
difparoître cet ufage barbare au quinzieme
fiecle. Dans le feizieme, on effaya de bannir la

_____

(1) Fingitur hâc fpecie, bonitatis odore refertus,
Iftius Ecclefiæ fundator Rex Dagobertus.

rime de toute Poëſie, & de faire des vers anglois, italiens & françois, en employant les
pieds métriques des vers grecs & latins, en
fixant les quantités des ſyllabes, & n'ayant égard
qu'aux nombres & aux meſures. C'eſt ce que
Milton a exécuté avec ſuccès, & après lui,
Philips, Adiſſon, Thomſon, Young & quelques
autres. Ces vers ſont compoſés d'un certain
nombre de ſyllabes longues & breves. Deux
ſyllabes, pour l'ordinaire, forment un pied:
ils en ont de quatre ſortes, ſavoir, le Spondée,
le Pyrrhique, le Trochée & l'Iambe. Outre ces
quatre eſpeces de pieds, ils en admettent encore quelques-uns compoſés de trois ſyllabes,
ſavoir, le Moloſſe, le Dactyle & l'Anapeſte.
Ces différentes combinaiſons de longues & de
breves donnent beaucoup d'harmonie aux vers
anglois; & la reſſource que les Auteurs trouvent dans la proſodie de leur Langue, fait
qu'ils négligent très-ſouvent la rime. Quelques
Poëtes François ont tenté auſſi d'introduire
l'uſage des vers blancs, c'eſt-à-dire, non rimés:
mais leurs tentatives n'ont point été accueil-
lies, & l'on a prétendu que les pieds métriques étoient incompatibles avec la Langue françoiſe. Cette prévention paroît néanmoins ſuf-
fiſamment détruite par la réuſſite des Poëtes

Anglois, dont le langage, qui n'eſt qu'un mélange biſarre des Langues ſaxonne, teutoni-
que, hollandoiſe, danoiſe, normande & françoiſe, eſt généralement reconnu pour impropre
à la Muſique. Perſonne ne lui donnera certainement la préférence ſur la Langue françoiſe, du côté de l'harmonie : mais il n'y a
pas de Nation au monde auſſi attachée à ſes
uſages que la nôtre, & moins diſpoſée à ſe
dépouiller de ſes préjugés. Nous aurions néanmoins plus de gloire à imiter nos voiſins dans
ce qu'ils ont de bon, qu'à les imiter dans leurs
ridicules.

RÉPONSE AUX OBJECTIONS CONTRE LES VERS MÉTRIQUES.

En propoſant de faire des vers françois métriques, aujourd'hui que la prononciation de
notre Langue eſt fixée, on ne propoſe que
l'imitation des Grecs & des Romains, qui
n'employerent ces ſortes de vers que lorſque
leur Langue fut perfectionnée. Ils n'ont con-
ſiſté d'abord que dans des cadences groſſieres &
imparfaites, comme une proſe rimée. Perſonne
ne doute, dit Quintilien, que la Poëſie n'ait
été très-imparfaite dans ſes commencemens,
qu'elle n'ait dû ſon origine à l'impreſſion que

la mesure fait sur l'oreille, & à la sensation
agréable qu'elle éprouve, lorsqu'elle est frap-
pée de l'égalité des intervalles dont on forma
par la suite des pieds. On a lieu de présumer
que les premiers vers grecs étoient rimés, parce
que la rime est 'un artifice usité de tout
temps, & parmi toutes les Nations. Les Poësies des Perses, des Tartares, des Chinois, des
Arabes & de plusieurs Peuples de l'Amérique,
ne consistent que dans des rimes; & pour parler d'une Langue plus ancienne que la grecque,
la Poësie hébraïque ne consiste que dans des
intervalles égaux, & la répétition des mêmes
syllabes. Cet artifice paroît avoir été adopté
généralement par tous les Peuples encore simples & grossiers, dont la connoissance du vrai
beau n'avoit pas encore formé le goût : il étoit
en effet plus proportionné & plus conforme à
leur génie (1).

On a lieu de croire que les Romains ont aussi
admis la rime dans leurs vers. On connoît ce
vers de Cicéron :

O Fortunatam natam me Consule Romam,

qui prouve que la rime leur étoit connue; mais

(1) Puerilibus ingeniis hoc gratius, quò propius est.

on commençoit déja à méprifer fon ufage ; parce qu'Ennius & quelques autres avoient déja fait en Latin des vers métriques, à l'imitation de ceux des Grecs. Cicéron ne fe feroit jamais fait d'ennemis , dit Juvénal, fi tout ce qu'il a dit avoit été de ce ftyle (1).

Il y a lieu de croire que les premiers vers latins qu'on fit, fuivant la mefure des vers grecs, n'étoient guere plus coulans que les vers de Henri Etienne, que j'ai rapportés. Les Poëtes Latins ne fe font pas découragés pour cela ; & màlgré la difficulté qu'ils ont trôuvée d'abord à réuffir, ils ont continué de cultiver & de perfectionner leur Poëfie d'âge en âge , tellement qu'elle eft enfin parvenue à ce degré de perfection qu'on admire dans Virgile & dans Horace. Les vers d'Ennius étoient beaucoup moins harmonieux, comme on peut en juger par ceux qui font parvenus jufqu'à nous.

En vain diroit-on que le génie de notre Langue eft incompatible avec la mefure des vers Grecs ; ce feroit fuppofer ce qui eft en queftion. Car pourquoi notre Langue n'admettroit-elle pas cette efpece de vers ? Eft-ce

---

(1) Antonii gladios potuit contemnere , fi fic
Omnia dixiffet.

parce

parce qu'elle n'a pas de syllabes longues &
breves, comme la Langue latine? J'ai déja
prouvé le contraire. Est-ce parce qu'il est plus
difficile de faire des vers suivant la mesure ancienne que selon la moderne? Mais il suivroit
de-là que toute espece de vers est contraire au
génie de notre Langue, puisqu'il est plus difficile d'écrire en vers qu'en prose. Est-ce parce
qu'ils n'approcheroient pas de l'harmonie des
vers latins? C'est ce qu'on ne pourroit décider
que lorsque nous aurions perfectionné les nôtres;
& d'ailleurs, il en faudroit aussi conclure que
cette même espece de vers est contraire au génie de la Langue latine, puisque les vers latins n'approchent pas de la douceur des vers
grecs.

On dira peut-être que, quand même il seroit
possible de faire, en françois, des vers métriques tant soit peu supportables, on est si généralement prévenu, même contre les vers
blancs, & si accoutumé à la mesure usitée,
qu'il n'y a pas lieu d'espérer que le Public
puisse jamais goûter ces nouveaux vers. Mais
pourquoi une nouvelle mode, sur-tout si elle
a quelque chose d'agréable & de mieux assorti
à la Musique, ne s'établiroit-elle pas dans la
Poësie des Opéra, aussi bien que toutes celles

E

qui ont les ajuſtemens pour objet, & le caprice ſeul pour motif? Si, malgré le goût barbare & gothique qui a régné ſi long-temps parmi nous en matiere de bâtimens, de ſtatues, &c., l'ancien goût des Grecs & des Romains a bien pu revivre, pourquoi l'introduction de leurs meſures, dans nos vers lyriques, ne ſeroit-elle pas auſſi bien reçue?

J'avoue qu'il eſt très-poſſible qu'un Lecteur (ſur-tout s'il ne ſait ni le Grec, ni le Latin) ne goûte pas d'abord cette eſpece de vers, par la raiſon qu'il n'y eſt point accoutumé, en ſorte qu'il ne ſaura pas d'abord quelle eſt la véritable maniere de les lire. Il s'imaginera toujours qu'il lit des vers ordinaires , & ſon oreille ne trouvant pas la cadence qu'elle attendoit, cela même pourra le dégoûter de ces vers : mais il s'y accoutumeroit par la ſuite, & viendroit à les goûter au point qu'il les préféreroit aux vers rimés. Au ſurplus, il n'eſt point ici queſtion de lire, mais de chanter; & ſans doute la meilleure eſpece de vers deſtinés à l'être, eſt celle qui a le plus d'analogie à la meſure de la Muſique.

C'eſt donc à l'oreille ſeule qu'il appartient de décider cette queſtion; & pour cet effet, il faut eſſayer de faire des vers métriques françois, & de les mettre en musique : je suis très-persuadé qu'on les adopteroit pour toujours. Que risque-t-on de l'essayer ? Le pis qui peut en arriver, c'est que nous demeurions précisément où nous en sommes. Il est possible que nous manquions le but en tâchant d'y atteindre ; mais il est impossible que nous y arrivions jamais, si nous n'y tendons pas.

Je crois avoir suffisamment prouvé qu'on a tort de croire que notre Langue n'a pas ses quantités aussi-bien que la Langue latine : mais il est vrai que nos Poëtes ne les observant point, & chaque pied étant composé de deux syllabes, on a supposé qu'elles étoient égales, & qu'on les prononçoit également. Cette supposition est une erreur ; car on apperçoit sensiblement, dans toute mesure ou pied, une élévation & un rabaissement dont les temps sont réellement inégaux ; & quoique nos Poëtes forment les pieds de leurs vers sans avoir égard aux longues & aux breves, on les récite néanmoins comme s'ils étoient composés chacun d'un ïambe. Nos vers alexandrins se récitent de même que ce vers ïambe latin, en supposant une césure au milieu :

Suis & ipsa Ro | ma viribus ruit.

F ij

Il n'y a perſonne, pour peu qu'il ait d'oreille, qui ne diſtingue parfaitement une breve & une longue dans chacun des pieds de nos vers de douze, dix, huit & ſix ſyllabes, de la maniere dont on les récite. On en peut raiſonnablement inférer que nos vers étoient originairement métriques, comme ceux des Grecs; & que notre verſification ne differe de la leur que par notre rime, & parce que nous n'admettons que l'ïambe, au lieu qu'ils admettoient toute ſorte de pieds. Ma conjecture eſt appuyée par l'exemple de la verſification des Anglois, qui ont adopté la rime auſſi bien que nous, & dont les vers ont toujours été compoſés d'un nombre égal de ſyllabes longues & breves. Leur uſage & notre maniere de réciter nos vers, ſont au moins deux fortes préſomptions qui portent à croire que nos anciens Poëtes n'ayant pas eu égard aux longues & aux breves d'une Langue qui étoit encore informe, on ne les a pas apperçues depuis. Les Génies du ſiecle de Louis XIV, qui fixerent la Langue, & perfectionnerent notre verſification, ſentirent qu'il falloit ainſi réciter nos vers, pour rendre leur harmonie ſenſible, ſans s'appercevoir ſur quoi cette harmonie étoit fondée, parce qu'ils n'étoient pas Muſiciens comme l'étoient les

Poëtes Grecs. On ne peut certainement dif-
convenir que les beautés répandues dans leurs
Poësies ne faffent oublier l'irrégularité réelle
de faire réfonner comme longues des fyllabes
breves, & de n'avoir aucun égard à la quantité : c'eft ce qui fait que ceux qui ont tenté
de les imiter, n'ont point fait attention à un
défaut, que leur refpect pour ces grands modeles ne leur permettoit pas de regarder comme
tel. Il eft cependant bien étonnant, & même inconféquent que toute perfonne fente fes oreilles
choquées, lorfque, dans le chant, une note
breve fe fait entendre fur une fyllabe longue,
dont elle abrege la quantité, tandis qu'elle ne
s'apperçoit pas du vice qui confifte à prononcer également toutes les fyllabes de nos vers.

AVANTAGE DU NOMBRE POÉTIQUE POUR L'EXPRESSION.

Je ne crois pas qu'il foit néceffaire que je
m'étende fur l'avantage des vers métriques du
côté de l'expreffion, & du fecours qu'ils prê-
teroient à celle du chant. Perfonne n'ignore que
leur beauté confiftant dans le rapport qu'ils ont
avec la chofe qu'ils fignifient, ils deviennent
plus fignificatifs, & par conféquent plus agréables, lorfque leurs cadences conviennent à cette

chofe. Or, ce font les mefures du temps (c'eft-
à-dire les pieds métriques) qui leur donnent
cette propriété. Le Dactyle coule avec vîteffe ;
la marche du Spondée eft grave ; l'Iambe eft
très-vif; le Trochée femble courir ; l'Anapefte,
au contraire du Dactyle, coule avec vîteffe
dans fon commencement, & il femble s'arrêter
à la fin. Les effets de ces pieds font tous différens. L'Enéïde eft remplie d'exemples où Virgile fait ufage de beaucoup de Dactyles pour
peindre la rapidité des vents, ou la courfe d'un
cheval : il les évite au contraire, & choifit
les Spondées, lorfqu'il veut caractérifer la majefté ou la pefanteur, &c.

Malgré tout ce que j'ai dit pour prouver
l'inutilité de la rime dans les vers chantés, le
tort qu'on a eu de prétendre que toutes nos
fyllabes fe prononcent également, la poffibilité
de faire des vers métriques françois, & l'avantage qu'ils auroient fur nos vers rimés ; je fuis
très-éloigné de m'ériger en réformateur, & de
prétendre qu'on ne doit faire que des vers métriques. Mon feul but a été d'expofer la néceffité de les admettre pour les Poëmes deftinés à
être mis en chant, à caufe du rapport fenfible
que les quantités ont avec les notes de la Mufique, & à caufe de l'inutilité de la rime, lorfque

les vers font chantés. Il ne me reste plus qu'à détailler la maniere dont je crois qu'on pourroit faire ufage des vers métriques.

DU POEME LYRIQUE.

Les Drames deftinés à être mis en Mufique exigent une Poëfie plus forte que les Tragédies ordinaires. Je fais qu'on a cru, & qu'on a ofé dire que des vers vraiment poëtiques n'étoient pas propres à être mis en chant; préjugé funefte au progrès de l'Art, & qui a fait éclore tant de lieux communs, tant de paroles triviales, miférablement réchauffées d'une Mufique ftérile, qu'il étoit aifé d'adapter indifféremment à des paroles qui avoient un fens contraire. On a peine à concevoir comment une telle opinion a pu être adoptée, & même s'accréditer; car puifque la Mufique eft à la Poëfie ce que le coloris eft au deffin, & qu'elle eft deftinée à fortifier les images de la Poëfie, fur quoi donc le Muficien exercera-t-il fon talent, fi ces images n'exiftent point? Des couleurs mélangées fans deffein font incapables de repréfenter quelque chofe; la force du génie ne peut s'accroître que par l'abondance des chofes, & il eft impoffible de faire

F iv

un ouvrage grand & magnifique, si la matiere manque, & si elle n'est pas susceptible de grandeur & de noblesse.

Le but des Poëmes destinés à être chantés, étant de plaire & d'étonner, on ne peut y parvenir que par la force du génie poëtique, par cet enthousiasme qu'Aristote caractérise du terme de fureur, par la beauté des images & l'énergie de l'expression. Ce genre de Poëme differe donc du Poëme tragique par la fiction, ou l'invention des Fables, puisqu'il exige moins de vraisemblance, à cause du merveilleux qu'il peut admettre, & par l'emploi des allégories & des métaphores. Il est susceptible de trois styles différens ; du style dramatique, pour l'exposition du sujet, & pour une partie du dialogue ; du style épique, pour les descriptions ; & du style lyrique, pour les monologues & les morceaux destinés à une Musique plus travaillée & plus pittoresque.

Le sujet de ces Poëmes doit être noble & intéressant, afin qu'étant de lui-même susceptible des charmes & des graces dont le Musicien est capable de l'enrichir, il lui offre un beau champ pour faire valoir son talent, & rendre la matiere encore plus intéressante. Enfin le

Poëme fera parfait , s'il peut réunir les trois qualités que Cicéron exige, favoir, d'inftruire, de divertir & de toucher.

On me dira peut-être que fi le Poëme de l'Opéra doit réunir toutes ces qualités, il faudra néceffairement abandonner ce genre , parce qu'il y a bien peu de Poëtes capables de réunir tous les talents qu'il demande. J'avoue qu'il fera toujours rare d'avoir des Opéra parfaits : mais il en eft de même de toutes les Poëfies & de tous les Ouvrages de Littérature ; & quoique ceux qui excellent en tout genre méritent les plus beaux lauriers, on ne laiffe pas de couronner les efforts de ceux qui , fans avoir rempli toutes les conditions que la perfection exige, ont néanmoins réuffi à nous plaire par leur fupériorité dans quelques-unes des parties dont le coucours eft néceffaire pour y parvenir.

OBSERVATION SUR LA MANIERE DE NOTER LE RÉCITATIF.

Le Récitatif eft la partie du Poëme dans laquelle il n'y a point de paffions à peindre, & qui n'exige par conféquent que les inflexions de voix néceffaires au récit d'un fait , comme l'expofition du fujet, ou qui admet quelques inflexions plus marquées, mais cependant moins fortes & moins variées que dans les parties du Poëme où l'intérêt s'accroît. Le Récitatif eſt à l'Opéra ce que la déclamation eſt à la Tragédie: mais ces deux manieres de réciter doivent être différentes, quoique les Italiens les confondent. Le principe qu'on doit ſuivre dans le chant du récit conſiſte à s'écarter, le moins qu'il eſt poſſible, du langage ordinaire, & à joindre l'expreſſion de l'action à la propriété de la pro-nonciation, de maniere à intéreſſer les Audi-teurs. Les Anciens avoient imaginé le genre enharmonique, qui conſiſtoit à moduler par quarts & demi-quarts de tons. Ce genre de déclamation étoit le plus conforme à la vérité de l'expreſſion; mais il ne peut nous convenir, à cauſe de nos accompagnemens, qu'il ſeroit difficile d'ajuſter ſans offenſer l'harmonie, à cette ſorte de chant, qui procede par degrés incom-menſurables. Il eſt facile de s'appercevoir com-bien ces ſortes d'intervalles ſont peu ſenſibles, par l'exemple du *mi* dieze & du *fa* naturel de la Muſique, puiſqu'on frappe la même touche ſur le claveſſin pour rendre ces deux notes, dont la différence réelle n'eſt ſenſible que pour des oreilles délicates. Il faut donc chercher un autre moyen de noter la déclamation des Opéra, & voici celui qui me ſemble le meilleur.

L'Art de la parole, de même que celui du chant, est fondé sur la distribution convenable des mouvemens & des sons. Quelque nom que l'on donne à ces deux parties essentielles, elles sont effectivement les mêmes dans les deux Arts. Les accents ordinaires sont les longues & les breves du discours, & correspondent aux notes noires & croches : la combinaison des accents forme les différens metres, comme celle des notes forme les mesures. Les temps ou les mouvemens, dans l'un & dans l'autre, sont plus lents ou plus accélérés, selon qu'on s'arrête plus ou moins sur chaque syllabe ou sur chaque note, selon que les breves ou les longues dominent, & selon les places respectives qu'elles occupent.

ACCENTS DE PENSÉES.

Enfin les degrés d'élévation & d'abaissement des sons qui fixent la place qu'ils doivent occuper dans la game, sont les mêmes que nos Accents de pensées. J'appelle ainsi ces accents de la voix, qui doivent la naissance à ces Accents primordiaux & innés, qui se sont perpétués jusqu'à nous, dont nous éprouvons l'effet sans les bien connoître, & que nous employons pour exprimer nos passions. Nous leur avons

confervé le terme d'*Accents*, lorfque nous voulons indiquer une certaine modulation ou modification de la voix, qui donne une fignification plus forte à nos mots, & quelquefois contraire à leur véritable acception. Ainfi nous
difons un Accent colere, dédaigneux, tendre,
fuppliant, &c., lorfque nous voulons indiquer
la modification de notre voix, qui annonce
ces fentimens. Nous difons auffi un Accent iro-
nique, pour défigner celui qui donne à nos paroles une fignification diamétralement oppofée
à celle qu'elles ont ordinairement. C'eft en
parlant de ces Accents que Bacon obferve,
avec raifon, qu'il y a des Accents de penfées
auffi bien que des Accents de mots, & qu'il
fe plaint de ce qu'on a entiérement négligé les
premiers, tandis que les Grammairiens fe font
donné bien des peines pour établir les autres.
Il eft certain que fi l'on avoit bien étudié les
Accents de penfées, l'expreffion de la Mufique
y auroit beaucoup gagné.

C'eft l'emploi de ces Accents qui forme la
partie de la Rhétorique, qu'on appelle *Prononciation*. Elle confifte à régler & varier la voix
agréablement, felon la matiere & les mots du
difcours, de façon à faire entendre plus parfaitement une phrafe qui pourroit s'interpréter

différemment : elle eſt fondée ſur la maniere de placer l'*emphaſe*.

L'emphaſe conſiſte dans une force ou élévation marquée de la voix, & appliquée, dans une phraſe, ſur le mot qui en regle le ſens, comme dans ces exemples. Suppoſez que je faſſe cette queſtion : *Eſt-ce vôus qui allez demain à Paris ?* Si l'emphaſe eſt placée ſur le mot *vôus*, la réponſe ſera : *Oui, c'eſt moi*, ou, *non, ce n'eſt pas moi*. Si elle eſt placée ſur le mot, *allêz*, & que je diſe : *Vous allêz demain à Paris?* La réponſe ſera : *Oui, j'irai*, ou, *non ; mais j'irai la ſemaine prochaine*. Si enfin l'emphaſe eſt placée ſur le mot *Paris*, vous répondrez : *Oui*, ou, *non, je n'irai que juſqu'à Verſailles*.

On voit, par ces exemples, de quelle conſéquence il eſt que l'élévation la plus marquée de la voix, dans une phraſe, ſoit placée ſur le mot d'où dépend principalement ſon intelligence, & que le défaut d'obſerver cette regle entraîne néceſſairement des contre-ſens. C'eſt donc ſur elle que doit être fondé le chant du Récitatif, dont l'emploi judicieux de l'emphaſe eſt la véritable clef.

Quintilien conſeille à ſes Diſciples d'étudier les principes de la prononciation (c'eſt-à-dire, de la déclamation), en écoutant attentivement réciter un bon Comédien : ce que je viens de dire rend bien fenfible le motif de ce confeil. C'eft peut-être lui qui a fait naître l'idée à quelques perfonnes de faire déclamer par un Comédien des vers deftinés pour un Opéra, & de propoferà un Compofiteur de Mufique de noter cette déclamation. Qu'en eft-il arrivé? C'eft que le Muficien a trouvé que cela étoit impraticable; & cela, parce qu'on n'avoit pas pris le vrai moyen de faifir la vérité du récit de l'Acteur. Les inflexions de voix qu'un Comédien emploie dans fa déclamation, coulent & fe fuccedent fi rapidement, que la différence de leurs fons paroît imperceptible à l'oreille. Ces inflexions, qui confiftent dans des femi-tons, quarts & demi-quarts de tons, dont les intervalles font incommenfurables, ne peuvent être que très-difficiles à faifir, fur-tout fi l'Acteur récite comme au Théâtre. Si, au contraire, il récite lentement, l'Obfervateur éprouvera un autre inconvénient; car alors la différence des tons fera, à la vérité, un peu plus fenfible : mais plus elle le fera, moins on diftinguera l'élévation de l'emphafe, parce que cette lenteur gêne & refroidit l'action du Comédien, qui ne peut plus la marquer à propos.

Si l'on vouloit faire un Récitatif d'après la

déclamation, il me femble qu'il faudroit pro-
portionner le mélange des longues & des breves
à la vîteffe & à la lenteur du récit de l'Acteur,
c'eft-à-dire, placer des notes dont la valeur cor-
refponde au temps qu'il refte fur chaque fyllabe, fans aucun égard au ton qu'il leur donne,
& ne marquer en l'écoutant, que celui des em-
phafes, comme le plus effentiel à l'expreffion.
Il feroit facile enfuite de donner aux autres
notes différens degrés d'abaiffement & d'élévation, fans avoir befoin d'autre regle que
l'oreille & l'imitation de la nature.

Il fuit de là qu'on n'auroit pas befoin de faire
réciter un Comédien, fi le Poëte vouloit s'af-
treindre à faire des vers métriques, puifqu'il
pourroit lui-même noter fes récits, en plaçant
les notes noires & croches au-deffus des fyllabes
longues & breves, dans une même rangée. Il
n'auroit plus qu'à placer la note de l'emphafe
dans le degré de l'octave qui lui convient, & les
autres notes fur les autres lignes, & dans leurs
intervalles. Quelle feroit la perfection d'un
Récitatif qui réuniroit l'expreffion du metre à
celle des inflexions de la voix? Quiconque a
lu les anciens Poëtes, n'ignore pas que la beauté
de leur verfification confifte fouvent dans le
rapport du metre avec la chofe qu'ils vouloient
exprimer.

Je ne prétendrois néanmoins pas exiger qu'un Poëte s'obſtinât à ſuivre toujours une cadence ſignificative avec la même gêne qu'il chercheroit une rime : ce ſeroit ſouvent tenter l'impoſſible ; & ſi je penſe qu'il peut d'autant plus s'affranchir de la rime, que ſon agrément eſt inſenſible dans le chant des vers, ce n'eſt certainement pas pour donner de nouvelles entraves à ſon génie. Le ſoin de compaſſer ſcrupuleuſement les pieds de ſes vers énerveroit la force de ſon imagination, parce qu'il le détourneroit du choix des mots propres & énergiques qui doit être l'objet de ſon attention principale. Je n'exige donc pas qu'il admette dans ſes récits le retour ſymmétrique des mêmes ſyſtêmes de pieds, comme les Anciens faiſoient dans leurs Odes ; mais qu'il emploie tous les pieds indifféremment, ſelon qu'ils ſe trouveront naturellement formés par la combinaiſon des ſyllabes longues ou breves qu'il jugera favorables à l'expreſſion. Il eſt cependant à propos que l'arrangement des pieds métriques ſoit plus régulier dans les monologues, puiſqu'ils doivent être chantés, & qu'il n'y a point de chant lorſque les meſures ne ſont pas égales ; ce qui ne peut être, ſi ce chant n'eſt pas tout à trois temps, ou à deux temps. Dans les récits, au contraire,

les

les mesures peuvent être inégales, & l'on peut employer l'un après l'autre un pied Molosse, un Tibraque, un Amphibraque, &c.

Il est donc nécessaire qu'un Poëte, qui entreprend de faire des Opéra, connoisse la construction des vers grecs ou latins, & leurs différens metres : il doit être instruit des premiers élémens de la Musique, c'est-à-dire, de la valeur des notes, des temps, des mouvemens, des différentes mesures, & de la maniere de moduler. Ces connoissances lui sont indispensables, afin qu'il puisse mélanger les syllabes longues & breves convenablement avec ce qu'il veut exprimer, disposer ainsi les paroles au chant, & guider le Musicien dans l'emploi des notes, au moins pour les récits & les monologues.

Il peut acquérir ces connoissances en très-peu de temps : mais quoiqu'elles lui suffisent pour composer le chant des récits, l'art & la variété de celui qui convient aux airs exigent une habitude de manier les tons & les modulations, qu'un Musicien n'acquiert que par un travail assidu & une expérience consommée. C'est donc à ce dernier que la composition de ces chants doit être réservée. Il seroit néanmoins à propos que leurs fondemens fussent concertés entre le Poëte & le Musicien. Le premier

G

pourroit, par exemple, indiquer à l'autre le temps & le mouvement qu'il jugeroit convenables à l'expreſſion : il pourroit même faire un chant de baſſe ſimple, qui ſerviroit de ſujet, ſur lequel le Muſicien compoſeroit ſon deſſus ; il ſeroit bien difficile alors que le chant ne fût pas expreſſif. Au reſte, je ſens combien il y auroit à dire & à faire d'après le projet que j'expoſe : je ne le donne auſſi que comme un eſſai ; s'il eſt goûté du Public, je ſerai charmé qu'il fourniſſe à d'autres plus habiles que moi l'envie de développer ces idées, & de perfectionner mon ébauche.

DE LA COMPOSITION MUSICALE.

Du Fr. Art le la Peint.

Si, d'un côté, la ſeule pratique des Arts eſt ſujette à s'égarer, & hors d'état de rien produire qui contribue à une ſolide réputation, de même la théorie ſeule, ſans une longue pratique, ne peut jamais atteindre à la perfection qu'elle ſe propoſe : mais elle reſte ſans vigueur, & languit au milieu des entraves des regles. Ainſi, je n'entreprendrai point de donner des préceptes ſur la mélodie & ſur l'harmonie à des Muſiciens qu'une pratique conſommée a mieux inſtruits que tout ce que je pourrois leur dire : mais je me haſarderai de leur

mettre fous les yeux des principes capables de
les aider à perfectionner leur Art. Quoiqu'il y
ait plufieurs chofes en Mufique fur lefquelles
on ne pourroit donner des principes certains,
fans rifquer d'enchaîner le génie, je ne laifferai
pas cependant d'en donner quelques-uns qui
lui font communs avec l'Eloquence, la Poëfie
& la Peinture. Perfonne n'ignore que tous les
beaux Arts ont un certain rapport les uns aux
autres. Tous ceux, dit Cicéron, qui regardent
la vie humaine, ont entr'eux comme une efpece d'alliance, & fe tiennent, pour ainfi dire,
par la main. Comment les principes des uns ne
feroient-ils pas ceux des autres, puifqu'ils font
puifés dans l'imitation de la nature, qui doit
être leur principal objet?

QUALITÉS ESSENTIELLES AU MUSICIEN.

Il ne fuffit pas au Muficien de favoir parfaitement les regles de la mélodie & de l'harmonie; fi la nature en naiffant ne l'a formé Poëte,
il ne fera jamais capable que de faire de bons
Concerto. Je n'appelle pas Poëte exclufivement
celui qui eft capable de faire de bonne Poëfie;
mais celui qui eft naturellement & vivement
affecté de la beauté & de l'énergie de fes images.

G ij

Tout Musicien qui ne sentiroit pas échauffer son génie à la lecture des Odes de J. B. Rousseau, ne mériteroit pas ce nom, puisqu'il n'en sentiroit pas la poësie.

Il est indispensable que le Musicien qui entreprend de composer des Motets possede la Langue latine. Comment, sans cela, pourroit-il en connoître la prosodie, donner aux mots & au sens l'expression convenable ? C'est l'ignorance de cette Langue qui fait que la plupart des Motets n'intéressent pas, rien n'étant plus ennuyeux que des répétitions multipliées à l'excès sur des membres de périodes les moins essentiels à l'intelligence de la pensée principale; des roulades sans motif, des versets mis en chœur, quoique le Prophete Roi y parle seul, &c. &c. Un Musicien qui sait le Latin, indépendamment de l'avantage qu'il a sur les autres du côté de l'intelligence du texte, a encore celui de connoître les quantités de cette Langue, & de mieux sentir les beautés de l'original. La diction des Pseaumes, dont la pureté ne répond pas à la sublimité des pensées, sembleroit mettre obstacle à la perfection des Motets : c'est pourquoi il seroit à desirer qu'on substituât au Latin des Pseaumes des paraphrases d'un style plus épuré, telles que celles, par exemple, de Rodolphe le Maître, dont le latin est très-élégant, fans que les penfées de l'original foient altérées.

Celui qui entreprend de mettre des Pieces dramatiques en Mufique, peut abfolument être difpenfé de l'étude de la Langue latine : mais il doit avoir du moins une teinture fuffifante des Belles-Lettres, qui feules peuvent lui apprendre à connoître ce qui eft véritablement beau, le mettre conféquemment en état de juger du mérite d'un Poëme, d'en fentir les beautés, & de les orner d'un chant qui les mette dans tout leur jour. La Mufique étant l'art de perfectionner l'expreffion des paffions peintes par la Poëfie, un Muficien ne peut parvenir à ce but, s'il n'a appris à fentir la beauté des images poëtiques par la lecture des meilleurs Poëtes. Comment en effet pourroit-il affecter fes Auditeurs, s'il n'eft pas affecté lui-même ?

Malgré les études que le Muficien eft fuppofé avoir faites, il ne doit pas fe flatter de réuffir également dans tous les genres. Il agira donc fagement en fe fixant à un feul; &, pour cet effet, il fondera long-temps fon génie, pour découvrir celui auquel il a le plus de difpofition, & confultera long-temps fon talent & fes forces. Ce n'eft pas fon penchant qui doit le décider à cet égard : on s'aveugle souvent en n'écoutant que lui seul, & en se fixant à ce qui plaît davantage ; une facilité souvent nuisible n'est pas une véritable disposition.

Quelque génie qu'un Musicien crût se sentir, il seroit imprudent qu'il débutât dans la carriere par un Opéra, ou même par un Motet. Il doit commencer par crayonner des sujets détachés, tels que des Odes anacréontiques, des Cantatilles, de petits Motets à une seule voix, &c. ; il apprendra par-là à connoître pour quel genre de mélodie il a le plus de talent : il connoîtra ses dispositions pour l'harmonie, en se formant des idées de naufrages, d'orages, de batailles, &c. Combien ces sujets ne prêtent-ils pas à l'imagination, & de combien d'images ne sont-ils pas susceptibles pour déployer les richesses de la mélodie & de l'harmonie! C'est par l'art de composer des symphonies pittoresques qu'il perfectionnera son talent, avec d'autant plus de facilité, qu'étant le maître de choisir lui-même ses objets, il pourra s'échauffer sur ceux qui sont le plus capables d'exercer son imagination. C'est par ces symphonies qu'il pourra découvrir, en consultant un ami sincere, pour quel genre la nature lui a donné plus de disposition que pour un autre. Mais il faut qu'il sache discerner l'ami du flatteur, & qu'il ne se laisse pas aveugler par les applaudissemens qu'un Public inconstant accorde quelquefois par caprice, par prévention, ou à titre d'encouragement.

Il est absolument nécessaire que le Poëme sur lequel le Musicien entreprend de travailler, lui plaise; tout alors secondera ses efforts, s'il a d'ailleurs la capacité suffisante. Malheur à celui qui, par condescendance, ou par déférence à des ordres supérieurs, se chargeroit de mettre en musique un Poëme, qui, n'étant pas de son goût, ne pourroit échauffer sa verve! Quand un sujet nous frappe & nous intéresse, nous éprouvons alors, en y travaillant, une facilité si heureuse, que les couleurs se présentent d'elles-mêmes sous notre main.

DES TROIS PARTIES DE L'OPÉRA.

On peut distinguer trois parties dans la composition d'un Opéra, savoir, l'invention & le dessin, qui appartiennent au Poëte, & le coloris, qui est du ressort du Musicien. Quoique le dessin ou la disposition soit proprement l'ouvrage du Poëte, il est essentiel que le Musicien la connoisse & se l'approprie; ce qu'il ne peut

faire, s'il n'a le jugement néceſſaire pour cela.
Avant de mettre la main à la plume, il doit
(après avoir fait une lecture attentive du
Poëme) faire ce que le Poëte a fait avant lui,
former le plan de ſon Ouvrage, tracer la marche
& la progreſſion de l'intrigue, les caractères
des différens perſonnages, les différentes paſſions que le chant devra exprimer; prévoir
enfin les différens mouvemens qu'il conviendra
d'employer, ainſi que les différens modes, de
maniere que les différens degrés de force de ſa
Muſique ſoient formés & diſpoſés par ordre
dans ſa tête, avant de l'être ſur le papier. C'é-
toit ainſi que le Poëte Ménandre commençoit
par diſpoſer les Scenes de ſes Comédies, & les
regardoit faites, quoiqu'il n'en eût pas encore
fait les premiers vers. Il eſt certain que cette
méthode (1) donne une facilité incroyable à
un Auteur, & que ce n'eſt qu'en la ſuivant
qu'un Muſicien peut parvenir à faire ſentir le
contraſte des différentes paſſions, & donner à
chaque perſonnage le ton qui lui convient (2).

---

(1) . . . . Cui lecta potenter erit res ,
Nec facundia deſeret hunc , nec lucidus ordo.
(2) Reddere perſonæ convenientia cuique.

DE L'OUVERTURE.

L'Ouverture d'un Opéra doit être au genre de la Musique qu'il exige, ce que le Prologue étoit aux anciens Drames. Il avoit pour objet d'exposer aux Spectateurs le sujet de la Piece, & de les préparer à entrer dans l'intérêt de l'action. La Musique de l'Ouverture doit donc annoncer, par son style, la qualité du sujet, & en peindre la passion principale. Le sujet du Drame étant tragique, héroïque, comique, ou pastoral, la Musique doit être analogue aux différens tons des personnages de ces genres, inspirer des sentimens de gaieté, d'héroïsme, &c. aux Spectateurs, avoir des nuances pathétiques, tendres ou gracieuses, conformément aux sentimens qui dominent dans le Drame, afin de disposer leurs ames aux différentes impressions qu'elles doivent recevoir.

DU DÉBUT.

Le Début, après l'Ouverture, doit être simple & convenable à l'exposition du sujet; & même si cette exposition présentoit des traits qui excitassent l'imagination du Musicien, il doit modérer son ardeur, & se contenter de flatter les oreilles par une noble simplicité,

L'énergie feroit déplacée ; &, bien loin de déployer dès l'abord tous fes talents, il eft utile qu'il ménage graduellement les reffources de fon Art. La force & l'expreffion de la Mufique doivent croître dans la même proportion que l'intérêt de la Piece : il feroit dangereux pour le Muficien d'épuifer fes forces dès le commencement ; s'il n'a pas la prudence de les ménager, il ne lui en reftera plus pour les endroits où il eft néceffaire qu'il captive toute l'attention, & qu'il frappe vivement l'ame de fes Auditeurs.

DU PERSONNAGE PRINCIPAL.

Le Muficien doit imiter le Peintre, & faire en forte que le principal Perfonnage de la Piece paroiffe dans le plus grand jour, & que fon chant foit diftingué, de maniere à le faire remarquer pardeffus tous les autres.

L'un des plus grands vices d'un Opéra feroit de faire chanter les airs les plus travaillés, les plus faillans & les plus expreffifs, à d'autres Perfonnages qu'à celui qui repréfente le principal Héros de la Piece, qui fe trouveroit ainfi éclipfé par l'oppofition de ceux qui brilleroient davantage. Plufieurs Muficiens font tombés dans ce défaut, par des prédilections particulieres pour des organes qu'ils croyoient plus propres à faire valoir les beautés de leurs chants : mais ce n'eſt pas par quelques airs détachés d'un Opéra, qu'un Muſicien peut eſpérer de plaire à un Public éclairé; c'eſt par l'enſemble & la convenance de ſes peintures. Les François ne ſont pas encore aſſez italianiſés, pour ne prêter l'oreille qu'à quelques airs brillans : ils veulent entendre toute la Piece ; & c'eſt ce deſir qui les rend ſi difficiles ſur le chant de leurs Opéra, parce qu'il eſt rare de trouver un Muſicien capable de le bien conduire & de le rendre intéreſſant dans toute la ſuite d'un Drame. La premiere regle pour y parvenir, eſt de conſidérer le principal Perſonnage comme un Roi au milieu de ſes Courtiſans, qu'il faut qu'on reconnoiſſe au premier coup d'œil, & qui doit effacer l'éclat de tous ceux qui l'accompagnent.

DE L'EXPRESSION.

La Muſique eſt à la Poëſie ce que le coloris eſt à la Peinture : ſon objet eſt de perfectionner l'expreſſion des paſſions peintes par le Poëte, en les rendant ſenſibles & préſentes à l'eſprit des Spectateurs, par le moyen des accents propres au langage de ces paſſions. Il eſt aſſez difficile d'établir des regles certaines à cet égard : il eſt impoſſible de déterminer précifément quels modes, quels tons particuliers, & quelles modulations conviennent à chaque paffion en particulier. Quand on pourroit même établir des regles générales, combien ne fouffriroient-elles pas d'exceptions, & de combien de nuances différentes chaque paffion n'eft-elle pas fufceptible?

· On peut dire néanmoins, en général, que tout le fecret de l'expreffion confifte à être animé foi-même des paffions dont le Poëte fuppofe que le Perfonnage qu'il introduit fur la fcene eft animé, & à repréfenter aux Auditeurs, par les inflexions & les mefures des tons, les chofes telles qu'elles nous paroiffent.

, Il me femble, dit Quintilien, en parlant des paffions, que cette partie fi belle & fi grande n'eft pas inacceffible, & qu'il y a un chemin qui y conduit affez facilement; c'eft de confidérer la nature & de l'imiter : car les Spectateurs font fatisfaits, lorfque, dans les chofes artificielles, ils reconnoiffent la nature telle qu'ils ont coutume de la voir.

, Comment voudriez-vous, dit encore le même Auteur, donner une couleur à une chofe, fi vous n'avez pas cette couleur? Il faut que nous foyons touchés les premiers d'une paffion, avant d'effayer d'en toucher les autres,

Mais comment faire pour se sentir ému, puisque les passions ne sont pas en notre puissance ? En voici le moyen : il faut se former des images vivantes des choses absentes, comme si elles étoient effectivement devant nos yeux ; & celui qui concevra le plus fortement ces images, possédera cette partie des passions avec d'autant plus d'avantage & de facilité.

Mais en pratiquant ce conseil de Quintilien, il faut bien prendre garde que les inflexions de voix soient naturelles ; car il y en a qui s'imaginent avoir bien rendu les passions, en outrant l'expression, & en faisant crier les personnages. Ces Auteurs se trompent ; & ce qui fait qu'on est peu touché de leur Musique, c'est qu'ils ne peignent pas les mouvemens qu'ils veulent inspirer, avec des traits naturels. L'ambition de paroître savans & féconds fait qu'ils ne s'appliquent qu'à multiplier sans besoin des modulations qui surprennent l'oreille, ou à étouffer le chant principal, en entassant accords sur accords, tandis qu'ils trouveroient dans un chant plus simple les traits naturels de ces mouvemens. Le Musicien les exprimera d'autant mieux que ses accents seront plus conformes à la nature ; &, pour cet effet, il est absolument nécessaire qu'il l'étudie, & ensuite qu'il entre dans les mêmes fentimens, & s'imagine être dans le même état que ceux dont il veut peindre les paffions.

IMITATION DE LA NATURE.

Quant à l'étude de la nature, ce n'eft pas dans les livres qu'il faut la puifer. Quelque bonnes que foient les regles fondées fur l'explication du caractere de chaque paffion , des mœurs de chaque âge, de chaque condition, elles feront infuffifantes, fi l'on n'y joint au moins l'obfervation de ce que chacun fait, & de la maniere dont il parle, lorfqu'il eft ému de quelque paffion. L'étude de la nature eft celle du monde : on ne peint jamais bien une paffion qu'après l'avoir vue en original, c'eft-à-dire, qu'après avoir bien étudié ceux qui en étoient animés.

La feconde condition requife pour rendre le chant expreffif, eft que le Muficien foit bien pénétré de fon fujet, & qu'il fe mette à la place du Perfonnage qu'il fait chanter. Ce principe de l'expreffion eft le même en Poëfie & en Mufique :

Il faut, dans la douleur, que vous vous abaiffiez ;
Pour me tirer des pleurs, il faut que vous pleuriez. (1).

_____

(1) Si vis me flere, dolendum eft primùm ipfi tibi.

Un Muſicien qui a bien étudié les caracteres des paſſions, qui en reſſent lui-même les mouvemens, qui ne manquent pas de l'affecter, lorſque ſon imagination eſt vive & bien réglée, n'a pas de peine à les exprimer.

Les accents, pour les peindre, arrivent aiſément.

Le même feu qui a inſpiré le Poëte l'anime & l'enflamme à ſon tour. Il oublie, en travaillant qu'il eſt homme; ce ſont les accents du Dieu ou du Héros qu'il profere. Mais l'art fait d'inutiles efforts, s'il n'eſt encore ſecondé par la nature, que le Muſicien ne doit jamais perdre de vue, s'il veut faire approcher de la vérité le langage de la fiction (1).

Elle lui apprendra qu'il ſeroit ridicule de faire chanter un vieillard comme un jeune homme, ou un jeune homme comme un vieillard; que quoique la colere ſoit toujours la même paſſion dans les différens âges, ſon expreſſion exige néanmoins des nuances bien différentes (2): il ſaura que la paſſion de l'amour doit être exprimée par un jeune homme avec vivacité & tranſport; qu'un homme fait en emploie moins & témoigne plus de ſenſibilité. Ces différences

(1) Ficta voluptatis causâ ſint proxima veris.
(2) Iratus Chremes tumido delitigat ore.

se font sentir au point d'exciter dans l'ame des Spectateurs des intérêts très-différens, & quelquefois opposés pour les Personnages animés de cette passion, qui n'excitera que la risée dans la bouche d'un vieillard, &c, &c.

Le peu de progrès qu'on a fait jusqu'à présent dans l'art de peindre les passions par la Musique, peut être attribué en partie à l'ancien préjugé où l'on fut d'abord, qu'elle n'étoit destinée qu'à exprimer la joie & quelquefois la tristesse. C'est ce qui fut cause que la Danse, qui n'exista jamais autrefois sans chant, fut en usage parmi presque toutes les Nations, pour témoigner leur allégresse; & des Voyageurs rapportent que quelques Peuples de l'Amérique méridionale se servoient de la Danse pour exprimer leur douleur. Ces deux sensations sont en effet les plus naturelles à l'homme, puisqu'elles servent à modifier toutes les autres, qui y ont un rapport tellement immédiat, qu'elles ne peuvent exister sans elles. Un objet qui plaît inspire tout-à-la-fois l'amour & la joie : lorsqu'on ne le possede pas encore, il brûle l'ame de desirs, dont il entretient le feu par l'espérance. Si la possession de l'objet n'est pas aussi prompte que le desir, l'ame est accablée de tristesse, tourmentée par la crainte, la jalousie, le désespoir, la haine qu'elle

qu'elle conçoit pour ceux qui s'oppofent à fa
paffion principale. Ainfi l'on employa d'abord
la Mufique à exprimer feulement la joie & la
trifteffe, parce que ces fenfations font les plus
fimples & les moins compliquées. On ne doit
donc pas être furpris, en confidérant l'état de la
Mufique du temps de Lully, & le goût de ga-
lanterie qui régnoit alors, que l'amour foit
toujours la paffion dominante dans les Opéra
de Quinault; ce qui les fait paroître aujour-
d'hui d'une monotonie exceffive, malgré l'art
de ce Poëte à préfenter toutes les fituations
capables d'exprimer les différentes paffions dont
un fujet galant eft fufceptible. Mais ce qui doit
furprendre davantage, c'eft que bien loin que
cette confidération ait fait fentir la néceffité de
traiter d'autres fujets, on n'a cherché qu'à fup-
primer tout ce qui pouvoit répandre de l'intérêt
& de la variété fur le feul qu'on croyoit fufceptible de Mufique. On abandonna les Tragédies pour leur fubftituer des efpeces de
Drames qui n'en méritent pas le nom ; auffi
n'ofa-t on pas le leur donner : mais on les appella Ballets, fans doute parce que ces décou-
pures ne fervoient que de prétexte à amener
des danfes. La Mufique de ces Ballets ne pouvoit être expreffive, puifqu'il n'y avoit rien à

H

exprimer. Mais les sujets nobles & sublimes,
que je recommande de traiter, font tout autrement susceptibles d'intéresser & de remuer
l'ame que les sujets de Quinault, parce qu'ils
donneront lieu de peindre les différentes passions de l'homme, qui n'est sans doute pas né
pour que l'amour soit le seul mobile de ses pensées & de ses inclinations. Que le sujet soit tiré
de la fable, ou qu'il soit historique & embelli
par la fiction, quels traits ne fourniront pas la
majesté des Personnages, leur fierté, leur courage, leur ambition, l'envie, &c.; & à l'égard
des passions douces, l'amitié, la bienfaisance,
la pitié, &c. &c.?

PEINTURES DES PASSIONS, ET LEURS NUANCES.

Indépendamment de la variété des tableaux
que ces sujets peuvent offrir des différentes passions, il en naîtra une autre de leurs nuances,
des qualités & des situations des Personnages.
Le Musicien pourra, en effet, multiplier l'expression de ces passions, non-seulement quant à
leurs degrés différens, mais encore quant à leurs
différentes especes; car il exprimera tout diversement la colere de six personnes transportées
du même degré de cette passion; & c'est cette

diverfité qui eft le caractere diftinctif du Muſicien fécond d'avec celui dont l'imagination ſtérile répétera pluſieurs fois , dans un même Opéra,
la même tournure de chant, les mêmes mouvemens , & les mêmes ſucceſſions de modulations. C'eſt-là la partie eſſentielle de l'expreſſion , & c'eſt le talent de la poſſéder qui dé-
cele le Muſicien de génie; talent qu'on peut
regarder véritablement comme un don du Ciel.
Celui qu'un aſtre favorable a doué de ce précieux avantage, n'eſt pas pour cela diſpenſé
d'étudier le caractere de chaque paſſion , afin
d'y bien aſſortir ſes touches : mais je doute
fort que celui qui n'eſt pas né avec ce talent
réuſſiſſe jamais à l'acquérir.

CARACTERES DES PERSONNAGES.

Le Muſicien doit obſerver ſoigneuſement ce
que la nature preſcrit, afin de déterminer convenablement les différens mouvemens , leur
lenteur & leur vîteſſe. Il diſtinguera, par les différens accents, le Roi du Laboureur, le Héros de l'homme ordinaire. Les tons du langage
des Dieux doivent être diſtingués par la no-
bleſſe du ſtyle, & différenciés ſuivant les circonſtances. La gravité convient particuliérement à Jupiter, qui, d'un coup d'œil, fait

H ij

trembler tout l'Olympe ; l'inflexion des tons de
Vénus doit, au contraire, annoncer la douceur & la compaffion qu'elle a pour les Troyens
qu'elle protege ; la jaloufe Junon exhale fes
plaintes d'un ton irrité ; le bouillant Achille fait
éclater fes tranfports avec véhémence ; un
chant noble, uni & mefuré convient au difcours du prudent Ulyffe, lorfqu'il retient les
Grecs prêts à partir.

SITUATIONS.

Si l'on met Didon fur la fcene, la différence
de fes fituations en doit mettre une infinie dans
fes manieres de parler, ou de chanter. Quelle
différence de Didon qui reçoit les Phrygiens
avec bonté, & leur permet de s'établir à Car-
thage, à celle qui, apprenant que fon Amant fe
prépare à tromper fa tendreffe, court comme
une forcenée par toute la Ville, laiffant échapper tantôt des invectives, tantôt des paroles
confufes.

Ces exemples fuffifent pour donner une idée
de la différence d'expreffion que les paffions
exigent, felon les fituations & les qualités des
Perfonnages. Un heureux génie, fecondé par la
lecture des Poëtes, par l'obfervation de la maniere dont les bons Orateurs & les bons

Comédiens déclament, & fur-tout par l'étude de la nature, fe formera mieux que par toutes les regles, à l'art de remuer les ames & de les plier aux fentimens qu'il veut leur infpirer : il doit donc régler fon goût uniquement fur l'imitation de la nature.

Après avoir examiné quelles font les regles de l'expreffion , relativement à la théorie & à l'imitation de la nature, il ne s'agit plus que d'expofer la maniere dont la Mufique y peut parvenir, par la pratique des intervalles & des mefures , c'eft-à-dire, par l'application judicieufe des fons , relativement à leurs qualités & à leurs quantités.

L'emploi des qualités des fons confifte dans la progreffion des graves & des aigus , proportionnée au fens des paroles , dans le choix des modes, dans les changemens de modulation, & dans les accords propres à fortifier les fons ; c'eft ce qui conftitue l'harmonie & la partie de la mélodie, qui paroît aujourd'hui portée à fa perfection : il exifte à ces égards d'excellens préceptes qui difpenfent d'en parler ici. Mais il n'en eft pas de même des quantités, qui font cependant les premiers élémens du langage mufical.

DES QUANTITÉS POÉTIQUES.

Quoique les valeurs des notes & les mesures doivent visiblement leur origine aux quantités des syllabes grecques & latines, & aux metres de leurs vers, non-seulement on a totalement oublié la propriété des nombres & leur puissance pour émouvoir; mais on fait encore si peu d'attention aux quantités, qu'on adapte indifféremment les valeurs des notes aux syllabes, sans avoir aucun égard à leurs longueurs ou à leurs briévetés. La mélodie des Italiens est encore plus défectueuse que la nôtre à cet égard, & par conséquent plus éloignée du mérite de l'expression. Car on ne peut nier que les nombres y contribuent beaucoup, & que l'inobservation de la prosodie y nuit d'autant plus; qu'on cesse de comprendre le sens des paroles, lorsque ses regles sont violées. Il y a plus; c'est qu'on ne les entend plus du tout, parce qu'elles sont mal prononcées, la bonne prononciation dépendant de la parfaite articulation des sons dont les mots sont composés.

Ce défaut est donc la source du peu de progrès que la Musique moderne a fait dans l'expression; & si l'on ne pense à y remédier, on ne

doit pas se flatter de la voir se perfectionner,
puisque l'expression deviendra indifférente, tant
qu'on n'entendra pas les paroles; ce qui arrive
presque toujours dans la représentation des
Opéra.

DU METRE.

Ce n'est pas assez que la prosodie soit obser-
vée dans le chant : en vain les valeurs des
notes seroient assorties à celles des syllabes, si
les longues & les breves ne devoient qu'au hasard la place qu'elles occupent. C'est la combinaison des valeurs, leur formation en pieds
métriques, & la succession variée des différens
pieds, qui peuvent seules peindre, par le langage, la nature des choses exprimées par les
mots. Tout cela est proprement l'affaire du
Poëte : s'il a assorti ces combinaisons à la nature des choses, & si le Musicien les suit exactement, le but de l'expression sera rempli, lorsque d'ailleurs les qualités des sons répondront
au sens des paroles. Si, au contraire, les syllabes longues & breves ne doivent leur place
qu'au hasard, il est bien difficile que le chant
soit expressif, quand même le Musicien s'y
conformeroit, parce que la progression des
sons graves & aigus, seule & séparée d'un mou-

H iv

vement fixe, ne peut former qu'une fuite de cris uniformes, incapables de rien peindre.

Je dis que la combinaifon des valeurs eft l'affaire du Poëte, quoique je dife auffi qu'elle fait partie de la mélodie : cela n'eft pas inconféquent, & prouve feulement la néceffité de l'harmonie qui doit régner entre le Poëte & le Muficien, & la connoiffance réciproque qu'ils doivent avoir de l'Art auquel ils affocient celui qu'ils profeffent plus particuliérement.

DES ACCOMPAGNEMENS.

C'eft de l'oubli du metre qu'eft né le doute fur la réalité des merveilles opérées par la Mufique des Anciens. On croit communément que les Modernes les ont furpaffés, parce qu'ils ont ajouté à la mélodie l'agrément des accords, dont l'effet eft de flatter l'oreille, & de fortifier les fons, en fixant leurs qualités. Mais, quel que foit l'avantage de l'harmonie, elle n'a, dans le fait, qu'une part très-indirecte à l'expreffion, finon dans le cas où le chant d'une baffe, différent de celui du deffus, concourt avec lui à l'expreffion, en annonçant & en peignant, dans le début d'un air, dans une ritournelle, &c., les mouvemens qui agitent le Perfonnage qui doit chanter, la fituation des autres, ou un changement de fcene; en forte qu'elle remplit

en quelque forte, l'emploi du perfonnage des
chœurs des Tragédies anciennes, mais avec
plus de naturel & d'énergie. Hors ces cas, les
accompagnemens doivent être fort fimples,
puifqu'ils ne doivent fervir qu'à fixer & foutenir le ton du Chanteur : une baffe fondamen-
tale fuffit pour cet effet, & tout au plus un fecond deffus exécuté, à petit bruit, par un
petit nombre d'inftrumens proportionné à la
force de la voix. Une compofition furchargée
d'accords peut étonner l'oreille, & plaire à
ceux qui n'aiment à entendre qu'un bruit harmonieux; mais elle étouffe néceffairement le
chant principal, & c'eft en vain qu'il feroit
expreffif par lui-même, puifqu'il fe confond
dès-lors avec celui de l'accompagnement.

DES QUANTITÉS MUSICALES.

Les quantités des notes de Mufique confiftent dans la mefure du temps qu'on met à en
prononcer une, relative à celle du temps qu'on
emploie à en prononcer une autre. Ainfi, de
même que les fyllabes qui compofent les mots
font effentiellement longues ou breves; les
notes deftinées à figurer la qualité de leurs fons,
doivent être, de même qu'elles, longues ou
breves. Or, le temps d'une fyllabe eft le double

du temps d'une autre syllabe, si, dans le temps qu'on prononce l'une, l'autre peut se prononcer deux fois dans le même espace de temps. Le temps d'une syllabe longue est donc double du temps d'une breve, comme le temps d'une noire est double de celui d'une croche : & ainsi de même des autres caractères de Musique, relativement les uns aux autres. On ne peut donc pas dire qu'une ronde vaut deux temps, une blanche un temps, une croche un demi temps, &c. Il est néanmoins vrai qu'une ronde vaut deux blanches, quatre noires, huit croches, seize doubles croches, & trente-deux triples croches.

Cette division de valeur des notes, portée jusqu'au rapport de un à trente deux, paroît vicieuse au premier coup d'œil, en considérant que les notes étant destinées à représenter les syllabes longues & breves, le rapport de leur valeur devroit être seulement de un à deux, puisqu'il n'y a point de syllabes qui se prononce quatre fois plus vîte qu'une autre ; que la longue vaut un temps, & la breve un demi-temps, c'est-à-dire, toujours la moitié de la longue. Mais il faut faire attention que toutes ces croches, doubles croches, &c., n'ont été imaginées que pour distinguer les vîtesses des mouvemens, & que toutes ces formes de notes

ne fe rencontrent jamais dans une Piece de Mufique quelconque. Ainfi, comme leur valeur ne
confifte que dans le rapport du temps qu'on
fait fonner un ton, au temps double qu'on fait
fonner un autre, cette multiplicité de caracteres ne peut fervir qu'à apporter plus de variété dans les mouvemens, & d'agrément dans
le chant, puifque toute mefure eft toujours
compofée de deux temps, ou quatre demi-temps,
de trois temps, ou fix demi-temps.

Il eft vrai qu'un chant peut avoir quelquefois
des notes de plus de deux valeurs : par exemple, dans un mouvement à deux temps, les
mefures peuvent avoir deux blanches, quatre
noires, ou huit croches ; il peut même entrer
des doubles croches dans quelques-unes. Mais
il n'y faut jamais confidérer que deux temps
réels & deux valeurs ; parce que les blanches
font en petit nombre, & ne s'appliquent ordinairement que fur les monofyllabes, & les mots
diffyllabes fur lefquels l'expreffion exige qu'on
s'arrête plus long-temps, à caufe qu'ils annoncent
le fens principal de la penfée comprife dans les
mots fuivans. Ce font donc les noires qui font
deftinées, dans ce mouvement, à être appli-
quées fur les fyllabes longues, & les croches
fur les breves. Quant aux doubles croches, il

en faut confidérer deux comme repréfentant une noire , & conféquemment les lier enfemble, pour les appliquer à une feule fyllabe , parce qu'il n'y en a qu'une de ces deux qui foit la véritable note du chant, & que celle qui la précede n'eft qu'une note d'agrément qui fert à préparer l'autre.

Il eft néanmoins à propos d'obferver que les croches, qui valent la moitié des noires, lorfqu'on les prononce en temps égaux, ont prefque toujours une valeur différente entr'elles, puifque, fouvent dans la mefure à deux temps, & toujours dans la mefure à trois temps , on appuie plus fur la premiere croche que fur la feconde, & fur la troifieme plus que fur la quatrieme. Cette inégalité fait qu'une mefure, qui paroît n'être compofée que de quatre noires égales, fait entendre à l'oreille fucceffivement une longue, une breve, une longue & une breve. Cette fucceffion de quantités peut former deux metres différens , felon la maniere de faire fentir leurs valeurs; d'où il s'enfuit que l'expreffion fera différente. Car fi l'exécution eft piquée (ce que les Italiens nomment *ftaccato*), la mefure de quatre noires inégales préfentera le fecond membre d'un pied ïambe, un ïambe entier, & le premier membre d'un autre ïambe. Si, au contraire, l'appuyature fur la premiere croche fe fait de maniere qu'on paffe d'elle à la feconde, en coulant (*colando il paffo*), l'oreille entendra diftinctement deux trochées par chaque mefure.

EMPLOI DES DIFFÉRENS CARACTERES DE MUSIQUE.

Quoique je penfe qu'il y a plus de régularité à n'employer que des notes de deux valeurs pour répondre aux fyllabes longues & breves, & que les autres ne doivent être confidérées que comme notes d'agrément, je ne crois pas qu'on en puiffe faire une regle fans exception. Elle fera feulement bonne à pratiquer pour les récits, les monologues & les airs fimples. A l'égard des airs de caracteres, deftinés à peindre les paffions dont les Perfonnages font animés, on peut, fans inconvénient, prendre tantôt les blanches & les noires pour les longues & les breves, tantôt les noires & les croches, ou les croches & les doubles croches, pourvu toutefois que le changement de ces valeurs relatives ne fe rencontre pas dans une même période, mais qu'il n'ait lieu que dans la fubféquente. La raifon de cette exception eft fondée fur l'imitation de la nature, qui fait qu'on emploie un mouvement uniforme dans le langage ordinaire ; au lieu que celui d'une perfonne paffionnée n'a aucun mouvemenr fixe & déterminé, mais participe toujours du défordre de la paffion qui l'anime. Il ne feroit pas poffible de prefcrire de regles certaines à cet égard: c'eft le jugement & la convenance qui doivent en fervir.

DES TEMPS, DES MESURES OU MOUVEMENS.

Ce qu'on appelle temps en Poëfie & en Mufique, eft ce qui détermine les valeurs des notes & des fyllabes, c'eft-à-dire leur longueur ou leur briéveté, eu égard à la durée de leur fon, dans un efpace de temps donné. Les mefures de la Mufique répondent aux pieds métriques des vers; mais elle a en propre, & indépendamment du metre poëtique, différentes mefures, dont la variété lui donne un grand avantage pour l'expreffion. Il n'y en a que deux, à proprement parler, favoir, celle à deux temps, & celle à trois temps; mais on a multiplié ces deux fortes de mefures, pour varier, autant qu'on a pu, les lenteurs & les vîteffes des mouvemens.

Dans ceux qui font marqués 2. C, & C *barré*,

chaque mesure est composée de deux blanches,
ou quatre noires ; quatre noires, ou huit croches. Dans celui marqué $\frac{2}{4}$, elle est composée
de quatre croches, ou huit doubles croches.
Les mesures du mouvement $\frac{6}{8}$ sont formées de
six croches, qu'il ne faut considérer que comme
quatre croches, quant à la valeur, parce que
trois de ces croches ne valent qu'une noire ;
ainsi ce mouvement ne diffère du $\frac{2}{4}$ que par la
forme du metre, parce qu'il n'y a réellement
que deux temps dans chaque mesure. Celui
marqué $\frac{12}{8}$ est dans le même cas, sinon qu'il se
rapporte au C, dont il ne diffère que par le
metre. Ces six sortes de mouvemens sont les
mêmes, quant au rapport des temps & des
demi-temps les uns aux autres : mais ils different par leur durée absolue. Les mouvemens
indiqués par 3 , $\frac{3}{4}$ & $\frac{3}{8}$, ne different aussi entr'eux que par la durée des temps, qui est plus
ou moins longue , selon que ces temps sont re-
présentés par des blanches, des noires ou des
croches.

DES VITESSES.

En réduisant ces mesures, comme elles doivent l'être, à deux & à trois temps, il faut
distinguer deux sortes de vîtesses ; savoir, une

abfolue, & l'autre relative. La vîteffe abfolue
(qui eft la même qu'on appelle mouvement)
eft déterminée par la durée des temps & des
demi-temps : la vîteffe relative confifte dans le
rapport de la durée d'un temps à celle d'un
demi-temps, qui eft celui de deux à un. Cette
derniere vîteffe eft invariable : mais il n'en eft
pas de même de la vîteffe de mouvement, qui
peut être uniforme dans toute la fuite d'une
Piece de Mufique, ou qui peut changer, fuivant les circonftances & le befoin de l'expreffion, dans certaines périodes du chant. Ce changement eft même néceffaire pour la variété, &
pour l'obfervation de la profodie. Ainfi, en
prenant pour exemple la mefure à trois temps,
on peut former chaque mefure de trois noires,
de fix croches, d'une noire & quatre croches,
de quatre croches & une noire, de deux noires
& deux croches, d'une noire pointée & trois
croches, d'une croche, deux noires & une croche, &c. &c. ; en forte que le Muficien, en
mélangeant diverfement fes valeurs, obfervera
la profodie fans changer effentiellement le chant
qu'il a conçu : mais il réuffira bien plus fûre-
ment, fi le Poëte a rangé les fyllabes longues
& breves, conformément à la convenance de
ralentir ou d'accélérer le mouvement, & s'il a

eu

eu l'attention de ne placer que deux ou trois valeurs homogenes de fuite, ou quatre tout au plus.

C'est cette attention, de la part du Poëte, qui rendra fes vers vraiment lyriques ou métriques, ce qui eft exactement la même chofe, fans néanmoins qu'il foit obligé de s'affervir à la recherche fcrupuleufe de tel ou tel metre particulier, dont l'arrangement trop fymmétrique deviendroit monotone. Les Anciens n'admettoient, dans chaque ftrophe de leurs Odes, que trois fortes de manieres tout-au-plus de combiner les quantités. Ce retour périodique des mêmes metres ne peut offrir à l'oreille qu'une cadence qui invite à la danfe, & qui n'exprime d'autre fentiment que la gaieté. Auffi, toutes ces Odes étoient des Chanfons ou des Hymnes qu'on chantoit en danfant. Mais lorfque les Anciens vouloient émouvoir les paffions, les Poëtes & les Orateurs ne s'aftreignoient pas, comme j'ai dit, à placer fymmétriquement les différentes fortes de pieds ; mais ils employoient tantôt les uns, tantôt les autres, felon qu'ils les jugeoient convenir à l'expreffion.

C'eft une conféquence néceffaire de l'arrangement arbitraire des pieds métriques, que les

I

vers deſtinés à être chantés, ne ſoient point égaux par le nombre des ſyllabes qui les com-poſent : mais ils feront réellement égaux, s'ils ont le même nombre de meſures ou pieds ; car une meſure eſt égale à une autre, lorſque les temps de leur prononciation ſont égaux : ainſi celle qui ſera compoſée de deux ſyllabes lon-gues, ſera égale à celle qui le ſera d'une longue & de deux breves, &c. ; ce qui eſt trop connu en Muſique pour que je m'arrête là-deſſus, & doit donner au Muſicien une grande facilité pour l'application du chant aux paroles.

C'eſt un défaut, dans nos vers, lorſque l'un enjambe ſur l'autre : l'oreille françoiſe, amie d'une exactitude quelquefois trop ſcrupuleuſe, aime qu'ils aient chacun un ſens parfait. Cette regle eſt peut-être fondée ſur ce qu'on perdroit l'agrément de la rime, ſi le ſens n'étoit pas fini à chaque vers. Elle n'étoit point connue des Poëtes Grecs & Latins, qui n'admettoient pas la rime dans leurs vers : mais je penſe qu'il ſe-roit à propos de l'obſerver pour ceux qui ſont deſtinés à être chantés, parce que chacun d'eux doit former autant de membres de périodes, auxquels doivent répondre les membres des pé-riodes muſicales.

DE LA PÉRIODE MUSICALE.

La période musicale, de même que celle du discours, est une phrase plus ou moins longue, mais finie, composée d'un certain nombre de membres, qui dépendent les uns des autres, & font unis ensemble par une chaîne commune, qui est la modulation du chant. Dans les Vaudevilles, & généralement dans tous les airs simples, les périodes font quarrées, c'est à-dire qu'elles font composées de trois ou quatre membres égaux, parfaitement distincts l'un de l'autre. C'est ordinairement la cadence sur la quinte du ton (qu'on a nommée pour cette raison *dominante*), & sur la note tonique ou *finale*, qui détermine la longueur de ces membres : ils font presque toujours de deux, quatre ou six mesures, le plus souvent de quatre. Dans les airs dont le chant est varié par la succession de plusieurs tons, on peut compter autant de périodes que de changemens de modulations. On n'exige pas alors qu'elles soient toujours quarrées & absolument régulieres ; & l'on regarde comme une perfection, que leurs membres soient tellement liés & adaptés l'un à l'autre, qu'on apperçoive à peine leur liaison : leur assemblage doit former un tout agréable, entre

I ij

les parties duquel on n'apperçoive aucune inégalité ni interruption fenfible.

M E M B R E S   D E S   P É R I O D E S.

Les membres des périodes ont ordinairement
deux ou quatre mefures; il eft rare qu'ils foient de
trois mefures, ce qui feroit néanmoins quelquefois un fort bon effet. Ceux de chaque période
doivent être égaux, ou du moins approcher de
l'égalité, de maniere que les paufes ou repos
de la voix puiffent être prefque égaux à la fin
de chaque membre. Cependant cela n'eft point
abfolument néceffaire dans le récitatif, parce
que le difcours ordinaire, qu'il doit imiter, admet des périodes de différentes longueurs, &
compofées de membres inégaux.

Quoique les membres de chaque période
doivent être égaux entr'eux, la feconde ou la
troifieme période d'un chant ne doit pas toujours être compofée de membres en même
quantité & de même longueur que la premiere:
ce font les circonftances qui doivent déterminer
leur reffemblance à cet égard. Si le Muficien,
en changeant de modulation, fait répéter les
mêmes paroles qu'il a déja chantées, la feconde
période doit néceffairement avoir la même
quantité de membres, & d'une même longueur
que la premiere.

DÉFAUT DES ARIETTES ITALIENNES.

Ce n'eſt qu'à regret que je ſuppoſe cette circonſtance : elle ne devroit jamais avoir lieu ,
puiſqu'il n'y a rien de plus contraire à la vraiſemblance , que de faire chanter une même période de vers d'abord dans un ton , puis à la
quinte , & enſuite à la tierce ou à la ſixte ,
ſelon que le mode eſt majeur ou mineur. Comme
ces changemens de modulations ne ſe font que
par l'admiſſion d'un dieſe ou d'un B mol, il eſt
évident que les trois tons ne peuvent à la fois
exprimer les mêmes paroles avec vérité. C'eſt
néanmoins cela que pluſieurs Muſiciens modernes
ont jugé ſi digne d'être imité dans la maniere
italienne , quoiqu'il n'y ait rien de plus ennuyeux ni de plus choquant pour les oreilles de
l'Auditeur , à moins qu'il ne ſoit diſpoſé à
n'écouter l'air que comme une Sonate , ſans faire
attention aux paroles.

DES RÉPÉTITIONS.

L'abus faſtidieux & ridicule de ces Répétitions me conduit naturellement à parler de
cette figure également utile dans l'Art oratoire , en Poëſie & en Muſique , & ſi expreſſive
lorſqu'on en fait un uſage judicieux. La

I iij

Répétition eſt fort ordinaire dans le diſcours de
ceux qui parlent avec chaleur, & ſon uſage eſt
fondé ſur la nature de l'homme ; car, comme
la paſſion occupe l'eſprit de ceux qu'elle agite,
elle imprime fortement les choſes qui l'ont fait
naître dans l'ame : ainſi , il ne faut pas s'étonner
qu'en étant plein , on en parle plus d'une fois,
qu'on répete les mots qui caractériſent plus ſen-
ſiblement l'eſſence de la penſée, & expriment
particuliérement ce qui affecte plus vivement.
On ne doit jamais répéter une période entiere,
ou du moins rarement , à moins qu'on n'ait un
Rondeau à mettre en Muſique , parce qu'en ce
cas le commencement , qu'on reprend après la
repriſe, renferme l'eſſence de la penſée. Dans
tout autre cas , cela ne ſert qu'à affoiblir l'expreſſion. Mais la répétition des mots ou des
membres d'une période fait un très-bon effet,
lorſqu'on en fait uſage à propos ; ſi , par exemple, on fait parler un homme agité d'une violente paſſion , dont le déſordre paſſe de ſon
cœur à ſon langage : mais il ne faut pas abu-
ſer de cette licence.

On doit bien prendre garde , en employant
cette figure, de tomber dans des redites inſi-
pides, & d'affecter la répétition de mots frivoles, vuides de ſens, ou qui ne renferment

pas la penfée principale. Toute répétition eft telle, lorfqu'elle ne contribue pas effentielle-ment à l'énergie de l'expreffion muficale, parce que fa nature eft de faire une impreffion pro-fonde dans l'ame des Spectateurs.

Les répétitions fans motif ne peuvent que fatiguer & engendrer l'ennui, parce qu'elles ne font plus qu'un jeu de paroles infipides, & qu'on ne joue pas, lorfqu'on eft occupé à ex-primer fa paffion.

DE L'HYPERBATE.

Une autre figure commune à l'Art oratoire & à la Mufique, c'eft l'Hyperbate. Elle confifte dans la tranfpofition des paroles dans l'ordre & la fuite du difcours, & fait un très-grand effet en Mufique, parce qu'elle exprime le caractere d'une paffion forte & violente. Je ne puis mieux faire à cette occafion, que de tranf-crire ce que dit Longin. « Voyez tous ceux qui font émus de colere, de crainte, de dépit, de jaloufie, ou de quelqu'autre paffion que ce foit; leur efprit eft dans une agitation continuelle : à peine ont-ils formé un deffein, qu'ils en con-çoivent auffi-tôt un autre; &, au milieu de celui-ci, s'en propofant encore de nouveaux, où il n'y a ni raifon, ni rapport, ils reviennent

I iv

souvent à leur premiere réfolution. La paffion en eux eft comme un vent léger & inconftant, qui les entraîne & les fait tourner fans ceffe de côté & d'autre : en forte que, dans ce flux & reflux perpétuel de fentimens oppofés, ils changent à tous momens de penfée & de langage, & ne gardent ni ordre ni fuite dans leurs difcours ».

DES TRANSITIONS.

Les Tranfitions, ou paffages d'une modulation à une autre, exigent beaucoup d'art de la part du Muficien, qui doit en changer fans choquer l'oreille, & la préparer de maniere qu'elle l'attende, en quelque forte, fans qu'elle s'apperçoive de l'art du Compofiteur. Il y a cependant des cas où une Tranfition brufque & inattendue peut faire un très-bel effet : dans une fcene dialoguée, par exemple, où deux Perfonnages font animés par des fentimens contraires; & dans un monologue, où un Acteur exprime fucceffivement les différentes paffions entre lefquelles fon cœur eft partagé, comme dans le cas de l'article dernier. On peut dire, à ce fujet, que

Souvent un beau défordre eft un effet de l'Art.

ÉTUDE DES BONS MODELES.

Rien n'eft plus propre à perfectionner le génie, que d'étudier les Ouvrages des meilleurs Compoſiteurs anciens & modernes. Cette étude donne au Muſicien l'avantage de ſe former ſur les bons modeles, & le conduit naturellement ſur leurs traces. Il ne doit pas même faire difficulté d'examiner les partitions de ceux dont la réputation eſt la moins étendue, & de ceux qui ſont tombés dans l'oubli : il eſt rare qu'il n'y trouve quelques paſſages dont il peut profiter, en les perfectionnant & les arrangeant à ſa maniere. Il n'y a point de diamant brut qui ne devienne poli & brillant à l'aide du travail, ni d'Ouvrage de Muſique dont on ne puiſſe tirer quelqu'étincelle de génie, & en augmenter l'éclat.

DE L'IMITATION.

Le principal modele qu'un Muſicien doit s'efforcer d'imiter, eſt, ſans doute, la nature : mais il eſt une imitation ſecondaire, qui conſiſte à s'approprier les beautés des bons Auteurs, en ſe nourriſſant de leurs Ouvrages, pourvu qu'on le faſſe avec diſcernement, & de maniere que cette imitation ne ſoit point ſervile;

ce qui feroit un plagiat. Ce n'en eſt pas un
d'imiter avec intelligence, en cachant ſon lar-
cin, en donnant un tour neuf aux idées heu-
reuſes, ou une autre application à un chant,
à une maniere de moduler, &c. : il faut ſur-tout
que l'idée & la peinture paroiſſent neuves.
Que de beautés perdues dans d'excellentes ſym-
phonies concertantes, qu'un Muſicien intelli-
gent peut adapter à ſon ſujet! Il ne doit pas
rougir d'en profiter. Virgile rougit-il jamais de
paroître revêtu des précieuſes dépouilles d'Homere? Boileau a-t-il craint de paſſer pour pla-
giaire, en imitant Horace?

DU STYLE.

Il y a différens Styles en Muſique, ainſi qu'en
Littérature. Le Style, en général, eſt la maniere d'exprimer les penſées : ainſi l'on doit
entendre par le terme de Style en Muſique, la
maniere dont la ſucceſſion des qualités & des
quantités muſicales, ordonnée ſelon les regles de
la mélodie, forme une combinaiſon analogue
à la nature du ſujet, au caractere des Perſonnages, au génie de la Langue, & au goût des
Auditeurs.

Il réſulte de cette définition qu'on peut diſtinguer le Style national, le perſonnel, le générique,

le caractéristique & le temporaire. Cette distinction est fondée sur ce que le Style varie nécessairement, & que ses variations dépendent de l'état où sont les personnes, les lieux, les temps & les choses; en sorte que ce qui convient à l'une de ces circonstances, ne peut presque pas toujours subsister dans une autre.

Le Style national est celui qui convient particuliérement à une Nation, soit par rapport à sa maniere de sentir & de s'exprimer, soit par rapport à la nature de la Langue qu'elle parle. Quiconque a voyagé a nécessairement apperçu des différences frappantes dans les manieres dont les différens Peuples expriment leurs passions, & ces manieres de les exprimer tiennent vraisemblablement à leurs mœurs. L'élévation de la tête, l'emphase plus marquée dans le discours, un ton de voix d'abord plus mesuré & plus majestueux, dont les inflexions deviennent graduellement plus vives & plus précipitées, annoncent dans un François l'amour-propre offensé, & le sentiment de la vengeance. On observe dans un Italien (& sur-tout dans un Napolitain), animé de la même passion, les yeux, la tête & tout le corps affectés d'un mouvement convulsif, un son de voix perçant, inégal, & entrecoupé par des inflexions qui indiquent plus un ton querelleur que le fentiment de l'amour-propre offenfé. En un mot, le François, en colere, femble menacer, tandis que l'Italien querelle. La Mufique n'ayant pour objet que de rendre plus fenfible le chant naturel, & propre à l'expreffion de chaque paffion, comment la même maniere de chanter pourroit-elle exprimer la même paffion dans deux individus de différentes Nations, dont le chant naturel n'eft pas le même? Elle doit néceffairement différer, fi l'on veut imiter la nature; & ce que je dis ici de la colere, doit s'entendre de toutes les autres paffions.

Le Style de la Mufique françoife doit donc néceffairement différer de celui de la Mufique italienne: mais il y a encore une autre différence dans les Styles de ces deux Mufiques, qui ne tient point au caractere des deux Nations, & qui ne doit fon exiftence qu'à celle des moyens que les Compofiteurs de chacune d'elles ont choifis pour parvenir à exprimer les paffions.

Il n'y a réellement qu'une vraie maniere de bien exprimer les paffions; cependant on peut diftinguer, en Mufique, deux manieres d'y parvenir: la premiere eft lorfqu'un Compofiteur, qui a une paffion à peindre, choifit un

ton, une mesure & un mouvement analogues
à cette passion, & dont l'ensemble répond à
l'expression du sentiment qu'il veut peindre,
abstraction faite de la progression de cette passion, de ses nuances, du caractere & de la situation des Personnages ; la seconde est lorsqu'il
joint au choix du ton, de la mesure & du
mouvement, la considération des circonstances
dont je viens de parler, & les changemens de
modulations qui y sont relatifs. C'est une ques-
tion de savoir si la Musique est capable d'exprimer par elle-même toutes les passions, c'est-
à-dire, seule & séparée de la parole, à moins
qu'elle ne soit aidée du geste. Je crois que la
Musique, sans l'un de ces deux secours, ne
peut avoir qu'une expression très-équivoque, si
ce n'est que celle de la joie & de la tristesse :
celle de toutes les autres passions, par une
Musique isolée, n'existe que par convention,
& dans notre imagination préoccupée. Il est
néanmoins arrivé que la difficulté de remplir
toutes les conditions de l'expression, relativement aux paroles, a introduit l'usage, en Italie, de n'avoir aucun égard aux circonstances,
& que le Musicien s'y borne au choix du ton
& du mouvement qui lui paroissent analogues
à chaque passion qu'il croit la Musique capable

de peindre par elle-même. Il se trouve dès-lors
fort à son aise, n'ayant pas plus d'embarras,
lorsqu'il a peu d'égard aux paroles, que lorsqu'il compose un Concerto, ayant toute liberté
de donner carriere à son imagination vaga-
bonde, & de faire un chant saillant & agréable. Lorsque l'on chante son air avec les paroles qui lui servent de cadre, l'analogie du
ton & du mouvement avec les principaux traits
de la passion exprimée par ces paroles, la prononciation de ces dernieres avec les tons, en-
traînent naturellement le Chanteur, qui, pour
peu qu'il ait d'ame, entre facilement dans cette
passion, & ajoute, par son jeu, de nouvelles
nuances à son expression. Tout cela peut faire
illusion jusqu'à un certain point : mais il est
impossible que, par ce moyen, l'expression soit
parfaite, puisque la Musique ne peindra que
les traits principaux qui caractérisent une passion quelconque, en général. Il est nécessaire,
pour que la Musique exprime parfaitement la
passion d'un Personnage, que le Compositeur
s'attache à rendre au vif toutes les phrases du
discours; qu'il ait égard au caractere & à la
situation du Personnage; qu'il s'applique à rendre le sentiment qui l'anime, & la progression
de sa passion, par le mélange & la succession

des longues & des breves, & par des changemens de modulations conformes aux situations,
qui varient à l'infini dans les passions violentes;
qu'il appuie davantage sur certains passages
que sur d'autres; qu'il ralentisse ou accélere le
mouvement de son chant, conformément aux
sentimens rendus par les paroles; qu'il fasse
choix de celles qui doivent être répétées, &c. &c.
Tout cela exige une attention qui peut quelquefois refroidir un peu l'imagination, & rendre
le chant moins brillant; mais l'expression sera
toujours plus vraie, parce qu'elle sera plus dé-
taillée. La gêne que ces soins donnent au Compositeur ressemble, à-peu-près, à celle que la
rime donne au Poëte; & c'est cette difficulté
qui a fait croire qu'un Drame destiné à être
chanté ne devoit pas être poëtique, parce qu'en
effet, moins des paroles le sont, moins elles
renferment de ces détails si difficiles à saisir :
mais la difficulté de réussir à rendre les beautés
poëtiques, ne doit certainement pas les exclure.

Les Compositeurs Italiens ne cherchant point
à surmonter toutes les difficultés qu'entraîne
l'expression de détail, & se contentant de peindre les traits généraux qui caractérisent la passion qu'ils ont en vue, peuvent d'autant plus
réussir à plaire que leurs traits sont plus forts,

& l'expreſſion plus chargée ; ce qui eſt plus conforme à la maniere dont leur Nation exprime ſes paſſions. Je penſe que leurs chants n'ont d'avantage ſur les nôtres , du côté du brillant & de la ſaillie , que parce que le génie de nos Compoſiteurs ſe refroidit à entrer dans tous les détails dont j'ai parlé , & à obſerver ſcrupuleuſement la proſodie de notre Langue.

C'eſt en effet principalement en fait de Muſique vocale , que les François different des Italiens. La mélodie des uns & des autres differe peu d'ailleurs ; & certainement , ſi l'on exécutoit deux Sonates ou deux Concerto , compoſés par deux Maîtres , dont l'un ſeroit François & l'autre Italien , j'oſe aſſurer que ceux qui affectent le plus d'être connoiſſeurs , & qui ſont ſi paſſionnés pour ce qu'ils appellent Muſique italienne , prendroient facilement le change , & déceleroient par-là leur prévention.

La différence de la Muſique françoiſe à la Muſique Italienne eſt donc fondée ſur l'attention que les Compoſiteurs François apportent à obſerver la proſodie de leur Langue , & à exprimer le véritable ſens de toutes les parties du diſcours ; tandis que les Italiens ſe mettent peu en peine de la proſodie , & ne s'appliquent qu'à faire un chant qui peigne ſeulement le

caractere

caractere principal de la paffion. C'eft ce qui fait que le Style italien eft le même, foit pour le chant des voix, foit pour les concerts d'inf-trumens; au lieu qu'on obferve dans la Mu-fique inftrumentale d'un Compofiteur François un Style qui differe de celui de fa Mufique vo-cale, & fe rapproche fenfiblement du Style Italien, lorfqu'il n'eft point gêné par des pa-roles.

Cette vérité, déja fuffifamment prouvée, l'eft encore par la facilité que nos Compofi-teurs François trouvent à compofer des Opéra italiens, lorfqu'ils en entreprennent. Nous en avons un exemple récent dans celui qui faifoit, il n'y a pas long-temps, la Mufique des Opéra italiens à Londres, & qui, je crois, la fait en-core (1), lui qui n'auroit pas hafardé d'entre-prendre un Opéra françois.

Il eft vrai que ce qui l'enhardit à cette en-treprife, & ce qui donne un grand avantage aux Compofiteurs Italiens fur les nôtres, c'eft l'art que les Chanteurs de cette Nation pof-fedent, de donner plus d'étendue & de flexibi-lité à leurs voix. Nos Compofiteurs font pri-

_____

(1) Le fieur Berthelèmont, ci-devant Violon de M. de la Popeliniere.

K

vés de cet avantage, par l'ignorance de nos Chanteurs, qui n'étudient pas affez l'Art du chant. On gâte ici un Chanteur par les applaudiffemens qu'on donne à fon organe, & qu'il attribue à fon mérite perfonnel, quoique ce ne foit qu'un don de la Nature, qui devient inutile, fi cet organe n'eft pas dirigé par l'art de conduire la voix harmonieufement dans les différens intervalles du chant.

Nos Compofiteurs ne font pas feulement gênés par l'ignorance de nos Chanteurs; ils le font auffi quelquefois par leur caprice & leur entêtement, qui mettent de nouveaux obftacles aux progrès de l'Art. J'en ai vu un s'obftiner à foutenir qu'il lui étoit impoffible de chanter un paffage, que le Compofiteur fut obligé de changer. Ce même paffage, & d'autres plus difficiles, fe trouverent dans un air italien; il les chanta, parce qu'on les chante en Italie, & qu'un Chanteur, auquel il ne vouloit pas paroître inférieur, les avoit auffi chantés.

Si ces difficultés, que nos Compofiteurs éprouvent, & dont les Italiens font exempts, privent leurs chants de certains traits faillants, qui excitent plus l'admiration que l'intérêt, elles les mettent en récompenfe à l'abri des écarts & des contre-fens dans lefquels tombent fi fouvent leurs Antagoniftes. D'ailleurs, l'ex-preffion ne peut confifter dans le mérite du bruit & de la difficulté vaincue d'une intonation difficile; elle confifte à imiter la Nature, à fuivre pas à pas le pinceau du Poëte, & à faire accorder le coloris du chant avec toutes les nuances qu'il indique. C'eft cela auffi qui ca-ractérife la maniere de nos bons Compofiteurs, & ce qui la fait différer de celle des Italiens.

Je conviens que tous les morceaux d'un Opéra n'exigent pas toutes ces nuances de détail fi difficiles à faifir par le Muficien, & qu'il y a beaucoup de cas où il lui fuffit de peindre le caractere principal d'une paffion. Dans ces cas-là, le chant du Compofiteur François fera auffi agréable & auffi piquant que celui d'un Italien, & l'on n'y verra de différence que celle qui naît de la maniere dont chacune des deux Nations exprime les paffions dans le langage ordinaire.

Les Partifans de la Mufique italienne, qui la trouvent plus expreffive que la Mufique fran-çoife, ne pouvant alléguer aucune bonne rai-fon de leur affertion, ont cru prouver la légiti-mité de leur opinion par la préférence unanime de tous les Peuples de l'Europe, qui tous ont admis la Mufique italienne. Il ne fera pas difficile de leur répondre. On a fait des Opéra italiens avant d'en faire en Langue françoise : lorſque les François en firent, les premiers étoient déja admis dans preſque toutes les Cours de l'Europe. Il n'eſt pas étonnant que ces Cours aient perſiſté à conſerver les paroles italiennes pour mettre en chant : cette Langue leur deve-noit néceſſaire, puiſque leur Langue mater-nelle étoit impropre à la Muſique ; & des pa-roles italiennes leur étant auſſi indifférentes que des paroles françoiſes, elles ont dû s'en tenir à leur premier uſage, lorſqu'on fit des Opéra françois. Il étoit auſſi tout naturel que ces Etrangers employaſſent des Italiens, pour mettre en Muſique des Drames italiens, comme étant cenſés mieux entendre leur Langue, & en mieux connoître la proſodie. Les Compoſiteurs Italiens n'ont pas toujours juſtifié le choix qu'on a fait d'eux ; ce qui a fait qu'on leur a quelquefois préféré des Compoſiteurs Allemands, tels que Haſſe, Handel, Jomelli & d'autres, dont les compoſitions ne le cedent en rien à celles des Italiens. Leurs ſuccès ont excité la jalouſie de ceux ci, & leur ont fait dire que ces Allemands ne s'étoient rendus célebres qu'après s'être for-mé le goût, épuré leur ſtyle en Italie, & l'avoir accommodé au goût italien. On voudroit

comparer le befoin de s'inftruire des Artiftes
en Mufique à celui des Artiftes en Peinture,
& leur faire une égale obligation de voyager
en Italie, comme fi les partitions de Mufique
italienne étoient des modeles antiques qui ne
puffent pas plus fe déplacer que des ftatues.
Voilà les abfurdités où l'envie de trop prouver
entraîne. Tout ce que Haffe & Handel auroient
pu apprendre en Italie, c'étoit la Langue,
c'étoit la portée des voix italiennes, fuppofé
qu'ils ne l'euffent pas fu auparavant : mais ils
y alloient fi peu pour apprendre, qu'ils débu-
terent par faire entendre leur Mufique à Rome,
à Florence & à Naples.

Les Opéra qu'on repréfente dans tous les
pays de l'Europe, étant tous écrits en Langue
italienne, excepté en France, la preuve qu'on
prétend tirer de l'unanimité de toutes les Nations en faveur de la Mufique italienne, n'en
eft point une qu'elle foit plus expreffive que la
nôtre. Il eft inconteftable que, parmi ceux qui
affiftent à la repréfentation de ces Opéra, il
n'y en a qu'un très-petit nombre qui entende
la Langue italienne. Comment donc la décifion
de tous les Spectateurs fur le mérite de la
Mufique, quant à l'expreffion, pourroit-elle
être de quelque poids? En Italie même, où

K iij

l'on feroit plus en état d'en juger, les Spectateurs n'écoutent pas les paroles, & ne prêtent
artention qu'aux Ariettes, confiftant, le plus
fouvent, dans un chant appliqué fur des paroles qui ont fi peu de liaifon avec le refte du
Drame, qu'elles pourroient en être détachées
fans l'endommager. Les Spectateurs applau-
diffent alors une Mufique qui n'exprime certainement pas la paffion d'un Perfonnage, conformément à fon caractere, à fa fituation &
aux gradations de cette paffion, mais qui annonce feulement les accens principaux qui lui
appartiennent. Comme ils n'écoutent pas le
refte de la Piece, ils ne font point choqués
d'entendre un Roi & un Berger parler du même
ton : ils ne s'apperçoivent pas non plus que le
Compofiteur a perdu de vue la penfée principale ; que toute l'expreffion prétendue eft appliquée fur une comparaifon, & ne confifte
que dans l'imitation des tourbillons de vent,
du tonnerre, du bruit des vagues, du mur-
mure d'un ruiffeau, &c., tous lieux communs
qui plaifent grandement aux Muficiens Italiens,
parce qu'ils leur donnent occafion de parcourir
à leur aife les modulations, & de faire une mélodie bruyante : c'eft le bruit qu'on applaudit
alors, & non pas l'expreffion. Je ne prétends

pas blâmer ces peintures ; mais lorfqu'on les
expofe à mes oreilles à propos d'une comparaifon
poëtique, je ne puis m'empêcher de dire qu'elles
font très-déplacées. Il n'en eft pas de même
lorfque c'eft la Scene qui les amene. Nos Muficiens nous en ont fourni de très-belles en pa-
reil cas, mais ils les ont placées dans la fym-
phonie, & jamais dans le chant des voix.

Il faut dire un mot du Style burlefque ou
bouffon, dans lequel les Italiens excellent ; talent que je ne penfe pas que les François leur
envient. L'expreffion italienne des Opéra bouffons eft encore plus chargée que dans leurs
Opéra férieux ; ce qui, joint à la nouveauté &
aux grimaces de leurs Acteurs, peut faire rire
un moment, comme ont fait autrefois celles
de Tabarin, &, de nos jours, les Drames
poiffards de Vadé. Le François, inquiet dans
fes plaifirs, & amateur de la nouveauté, veut
connoître tout ce qui paroît lui en promettre.
Il eft venu des Bouffons à Paris en 1729,
dont on s'eft bientôt laffé : il en eft venu en
1752, pour ceux qui n'avoient pas vu les premiers; ils n'ont pas mieux réuffi. Enfin nos
Amateurs modernes ont été bien aifes d'en
juger par eux-mêmes, & ont defiré d'en voir
en 1778 : il paroît qu'ils éprouveront le même.

K iv

fort. Ces apparitions momentanées & l'engoue-
ment actuel pour la Musique Italienne n'annoncent pas, comme quelques-uns le croient,
une révolution en Musique. Le François, inconstant, peut se passionner un moment pour
une coquette; mais il revient à la beauté.

Le Style personnel consiste dans la maniere
particuliere de celui qui compose, considérée
par rapport à son génie & à son goût : c'est
ce qu'on appelle, en Peinture, *faire* ou *maniere*;
elle dépend, en Musique, de l'habitude qu'un
Auteur prend d'affecter certaines tournures de
chant, certaines manieres de moduler & certains ornemens, pour lesquels il a une prédi-
lection particulieres. Comme le Musicien le
plus parfait est celui qui sait le mieux varier
ses nuances, il s'ensuit que c'est aussi celui qui
n'a point de maniere qu'on puisse distinguer.

Le Style générique est celui qui convient à
la nature du sujet, & au genre du Poëme qu'on
met en Musique ; il doit être sublime dans les
Motets, dans les genres tragique & héroïque;
simple, sans être rampant, dans la Pastorale;
gai & facile dans le genre comique, possédant
cette qualité inexprimable que les Anglois nomment *humour*, terme dont nous n'avons point
l'équivalent dans notre Langue.

Le Style caractériſtique eſt celui qui eſt propre à chaque Perſonnage, & qui doit le diſtinguer des autres. J'ai déja expoſé ce que le Muſicien devoit obſerver à cet égard : j'ajouterai ici que l'unité de caractere étant auſſi eſſentielle au Drame que l'unité d'action, chaque Perſonnage doit avoir la même maniere depuis le commencement juſqu'à la fin. Quoiqu'il puiſſe être affecté de paſſions différentes, ſa maniere de chanter doit toujours être conforme à ſon caractere fondamental. Un homme foible, par exemple, peut être entraîné par un ſentiment qui l'oblige à s'exprimer avec chaleur; & un caractere bouillant peut quelquefois parler d'un ton calme. Ces changemens même apportent une variété agréable dans un Drame : mais ſi l'on faiſoit chanter le premier avec trop d'emportement & de fureur, & le ſecond avec trop de douceur, ce ſeroit contredire les caracteres dominans des deux Perſonnages.

Le Style temporaire eſt celui qui dépend du temps où le Muſicien compoſe : il eſt néceſſaire qu'il s'y conforme, auſſi bien qu'au Syle national, s'il veut plaire à ſes Auditeurs. La Muſique qui plaiſoit, il y a cent ans, ne plairoit pas aujourd'hui, à cauſe de ſa trop grande ſimplicité; & celle qui nous plaît n'auroit pas plu à nos peres. La raison en est, comme je l'ai déja observé, que la force ou la foiblesse de nos sensations dépendent moins de la violence plus ou moins grande de l'ébranlement de nos organes, que de leur habitude à être ébranlés. La différence de la Musique du temps passé à la Musique actuelle consiste dans la pratique des intervalles, dans les agrémens du chant, & dans l'harmonie des accords. Dans un temps où l'on commençoit à allier la Musique à la Poësie, l'oreille n'auroit pu se familiariser à un chant qui auroit été trop éloigné du langage ordinaire. On évitoit donc alors soigneusement, dans la progression du chant, la pratique de quelques intervalles qu'on jugeoit être d'une trop grande étendue pour la facilité de l'intonation : on fuyoit aussi ce qu'on appelloit fausses relations. Mais on s'est affranchi de cette gêne, qui nuisoit souvent à l'expression, depuis que les Compositeurs ont su les pratiquer avec art, & en rendre l'effet agréable à l'oreille, depuis aussi que les Chanteurs se sont perfectionnés dans l'intonation. Il faut avouer que les Italiens ont un avantage sur nous à cet égard, de sorte que leurs Compositeurs peuvent oser ce que les nôtres n'oseroient faire. Mais il est certain aussi que les premiers en abufent, & qu'en procédant, comme ils font, fréquemment & fans néceffité, par des intervalles qui paffent l'étendue de l'octave, ils outrent par-là l'expreffion, & s'écartent encore plus de la vérité, que ceux qui ufent d'une retenue trop fcrupuleufe.

Quant à l'harmonie, elle devoit être auffi plus fimple autrefois. Un Auteur moderne (1) nous donne une raifon palpable de la différence des effets que les accords produifoient fur les oreilles de nos peres, avec ceux qu'ils produifent fur les nôtres. « L'harmonie, dit-il, pro- » duit une fenfation très-compofée : mais elle » ne peut plaire à l'oreille que lorfque les ac- » cords font tellement variés, que l'unité foit » encore apperçue, & que la fimplicité ne dé- » truife pas la variété. A mefure que je ferai » en état de percevoir une plus grande quan- » tité d'accords, la variété m'en plaira davan- » tage : j'exigerai donc une Mufique plus com- » pofée, lorfque la fphere de mes fenfations » en ce genre, fera agrandie pour moi ; & je » me plairai à m'éloigner de la fimplicité, dans » la même proportion que la variété deviendra » plus perceptible à mon oreille ».

_____

(1) M. Changeux, Auteur du Traité des Extrêmes, ou Élémens de la Science de la Réalité.

DES VICES DU STYLE.

Les principaux vices d'un Style quelconque sont l'enflure ou l'affectation, la puérilité, la lâcheté & la sécheresse. Le Style est bouffi ou affecté, lorsqu'on emploie des modulations trop recherchées, ou que les notes sont surchargées d'accords : il est puérile, lorsqu'on affecte des ornemens frivoles, des peintures superflues & hors d'œuvre : il est lâche, lorsque la progression du chant est mal conduite, que les modulations sont mal amenées, & que les périodes sont mal liées les unes aux autres : enfin il est sec, lorsqu'il est totalement dénué d'ornemens.

Ces défauts sont les mêmes pour la Musique françoise & pour la Musique italienne ; car quoiqu'il y ait des nuances différentes dans les manieres des deux Nations, il n'y a qu'une nature, & par conséquent les principes du vrai beau sont communs à l'une & à l'autre : la raison & le bon sens n'ont point de climat particulier qui leur soit affecté.

DU GOUT.

C'est le bon Goût qui fait éviter les défauts dans le style, & c'est lui qui les fait appercevoir. Le bon Goût n'est autre chose que la droite raison, le jugement : Madame Dacier l'a très-bien défini, en difant qu'il confifte dans l'harmonie qui regne entre l'efprit & la raifon; d'où il faut conclure qu'une perfonne a le goût meilleur ou moins bon, felon que cette harmonie eft plus ou moins parfaite.

Il n'eft pas néceffaire d'être Muficien pour juger fainement de la Mufique : les oreilles fuffifent pour cela, puifqu'elles fentent parfaitement ce qui eft bien, font choquées de ce qui eft dur, flattées par ce qui eft doux; qu'elles approuvent ce qui eft naturel, & rejettent tout ce qui eft forcé, fans néanmoins que celui qui porte ces jugemens puiffe en dire la raifon. C'eft en cela que les Muficiens different des Auditeurs, parce qu'ils favent juger fi une compofition eft conforme aux regles, & ceux-ci jugent très-bien fi elle eft agréable. Quelqu'habile même que foit un Muficien dans la mélodie & dans l'harmonie, s'il n'a pas d'autres connoiffances, un Amateur inftruit & éclairé jugera plus fainement que lui de l'expreffion.

Quintilien.

Les Poëtes Italiens aimoient autrefois beaucoup les Concetti; quoiqu'ils fe foient corrigés de ce défaut, il en eft encore peu qui ne fe diftinguent par un enthoufiafme particulier à la Nation; & on reconnoît prefque toujours, dans leurs peintures, la fougue d'une imagination

déréglée qui exagere tout. Ce ſtyle n'eſt certainement pas conforme à la voix de la Nature.
Il n'eſt pas étonnant que ce défaut, qui paroît
être un vice du climat, ſoit auſſi celui de leurs
Muſiciens : ils aiment à s'étendre & à multiplier leurs tableaux. On ne peut nier qu'ils n'en
faſſent qui méritent d'être admirés ; mais ils
ſavent rarement les placer (1). Quel effet
peuvent-ils faire lorſqu'ils ſont entaſſés les uns
ſur les autres, & nuiſent à l'expreſſion principale ? Ce ſont des beautés déplacées ; elles
peuvent flatter l'oreille du Spectateur : mais il
perd de vue l'action, qui ſeule doit l'intéreſſer,
pour ne s'occuper que d'une Muſique qui n'eſt
plus pour lui qu'un Concerto. Les Muſiciens
qui ont le goût du vrai beau, ne s'arrêteront
jamais ſur les mots figurés, tels que *vole*, *triom-
phe*, *enflamme*, &c.; ils ne s'occuperont uniquement qu'à peindre la penſée principale, &
non les mots, qui ne ſont qu'acceſſoires. Celui
qui s'y arrêteroit ſeroit forcé d'employer un
ſtyle étranger à ſon motif, c'eſt-à-dire au ſentiment qu'il a à peindre : il ne doit jamais le
perdre de vue, afin de le rendre toujours pré-
ſent à l'eſprit de ſes Auditeurs. Il eſt donc eſſen-

_____

(1) Sed tunc non erat his locus.

tiel que le Muſicien évite de s'arrêter ſur les
mots acceſſoires, s'il veut donner à ſon chant
une expreſſion vive & naturelle. Si un Poëte
compare un cœur agité par la paſſion à un
vaiſſeau battu par la tempête, ou même à un
ballon que des Joueurs font voler en l'air,
laiſſons les Italiens peindre alors l'agitation des
vagues, le mugiſſement des vents, le bruit des
cordages, &c., au lieu de peindre la penſée
principale : n'envions point à leurs Acteurs le
mérite d'ajouter à la comparaiſon du ballon,
par le geſte d'un homme qui le renvoie. Ne les
imitons point dans ces écarts ;

> Laiſſons à l'Italie,
> De tous ces faux brillans l'éclatante folie.

En général, les roulades & les cadences mo-
dulées répugnent au bon Goût, parce qu'il
n'eſt pas dans la nature d'aucune paſſion, de
multiplier une ſuite d'accens différens ſur une
même ſyllabe.

Je ne crois pas pouvoir trop répéter que la
Muſique eſt à la Poëſie ce que le coloris eſt à
la Peinture : mais il y a une grande différence
entre colorer & colorier. Colorer un objet,
c'eſt le rendre ſenſible à la vue, en y appliquant
des couleurs ; le colorier, c'eſt imiter les cou-

leurs naturelles à cet objet, en les mélangeant
agréablement, & les diftribuant avec difcerne-
ment. Je fuis très-peu affecté d'un tableau qui
préfente à ma vue de belles couleurs, s'il
manque de coloris. Il en doit être de même
de la Mufique, qui doit parler aux oreilles,
comme la Peinture aux yeux. En vain l'on me
vantera la fcience des Muficiens Italiens dans
l'art d'orner leurs chants par des cadences, fre-
dons, tremblemens, roulades, &c., qu'ils mul-
tiplient à l'infini (1), & placent à tout propos.
Les ornemens font, fans doute, néceffaires au
chant, & font un effet agréable lorfqu'on en
ufe avec jugement & fobriété : ce n'eft point
leur ufage que je condamne, mais l'abus de
cet ufage, & les prétendus embelliffemens qui
ne préfentent à mes oreilles que le mérite de
la difficulté vaincue. Je n'ai point de plaifir à
entendre une voix, qui s'efforce à imiter celle
d'un violon, parce que cela n'eft pas naturel,
& que cela me diftrait de l'attention que je
veux porter aux paroles qu'elle chante. Lorf-

_____

(1) Il n'y a point de mots françois pour rendre exactement les mots italiens *Trillo*, *Tremuolo*, *Groppo*, *Ti-
rata*, &c., quoiqu'on pratique dans notre Mufique tous
ce qu'ils fignifient.

qu'un

qu'un baladin fait, en ma préſence, un tour
de force, la curioſité de voir comment il s'en
tirera abſorbe toute mon attention, & m'empêche d'entendre les paroles qu'une autre perſonne m'adreſſe. Il en eſt de même lorſque
l'Acteur me fait appercevoir que c'eſt lui qui
chante, & non le Perſonnage qu'il repréſente.

Je prie mes Lecteurs de ne ſe pas méprendre
à la critique que j'ai faite, en quelques endroits
de cet Ouvrage, non de la Muſique italienne,
mais des Muſiciens Italiens. Je conviendrai,
ſans peine, que cet Art a fait plus de progrès
en Italie qu'en France, pour les raiſons que
j'ai rapportées ; & que ſi on le conſidere quant
à la mélodie & à l'harmonie ſeulement, il a
fait de grands pas vers ſa perfection; mais il
en eſt encore bien éloigné, & n'eſt qu'au berceau, quant à l'expreſſion des paroles. Ce
n'eſt certainement pas dans les compoſitions
italiennes qu'on trouvera des exemples à imiter pour l'expreſſion : il y a long-tems qu'on
l'a totalement perdue de vue en Italie, où les
Opéra de Pergoleſe n'ont eu aucun ſuccès.
Cette circonſtance ſuffiroit pour le prouver :
mais écoutons le jugement que deux Hommes
d'un goût judicieux & éclairé portent de l'état
actuel de la Muſique dans leur Patrie. « On

L

» ne ceſſe de vouloir l'embellir, dit M. Al-
» garotti, d'y ajouter de nouveaux ornemens,
» d'imaginer de nouvelles fantaiſies, de créer
» de nouveaux ſyſtêmes; & l'on ne voit pas
» que c'eſt étouffer ſes graces naturelles ſous
» ce faſte, ſous ces pompons, ſous cette pa-
» rure dictée par le faux goût & par la ſa-
» tiété.... L'eſprit de caprice & de vertige,
» qui s'eſt introduit dans les coïffures, dont
» le goût change continuellement, on le tranſ-
» porte dans le domaine de la Nature, toujours
» ſage, toujours immuable : on l'emploie dans
» des compoſitions qui ſont faites pour la ſui-
» vre & pour l'exprimer.... Des cadences
» recherchées, des points d'orgue multipliés,
» du brillant, du joli, ſe trouvent là où les
» paſſions devroient parler.... Les airs ſont
» actuellement défigurés par un tas énorme
» d'ornemens inutiles : on n'y met plus de
» bornes; & l'on diroit que les Compoſiteurs,
» animés par une émulation forcenée, ne cher-
» chent à ſe ſurpaſſer mutuellement que pour
» ſe livrer à des écarts bizarres, extravagans &
» incroyables, &c. &c. ».

Il eſt flatteur pour moi de m'être rencontré
avec cet Homme illuſtre, dont je ne connoiſ-
ſois pas l'Eſſai ſur l'Opéra, imprimé à Paris en

1773, où l'on trouve d'excellentes vues fur la Mufique. Un autre Auteur Italien anonyme, que le Journal Littéraire d'Italie témoigne être connu avantageufement par la fupériorité de fon mérite, a fait imprimer à Venife, en 1738, un petit Ouvrage, dans lequel, fous le voile d'une ironie fine & délicate, il critique les erreurs & les abus introduits par les Italiens dans la Mufique théâtrale. Le Lecteur fera à portée de juger s'ils fe font corrigés, ou fi leurs défauts font encore les mêmes, par l'extrait que j'en vais donner, plus capable peut-être de perfuader que les meilleures critiques :

> Ridiculum acri
> Fortiùs ac meliùs magnas plerumque fecat res.

« L'Auteur établit d'abord, pour premiere qualité néceffaire au Poëte moderne, celle d'ignorer les Pieces de Théâtre des Grecs & des Romains, par la raifon péremptoire & fans replique, qu'ils n'ont pas lu les nôtres. Il lui recommande de ne pas laiffer fortir l'Acteur de la Scene fans chanter une Ariette, fur-tout lorfqu'elle convient le moins aux circonftances & aux fituations; d'avoir foin que les paroles de l'Ariette n'aient aucun rapport au fujet de la Piece, ni au récitatif qui précede, & qu'elles ne confiftent que dans des mots vuides de fens,

ou dans des comparaisons frivoles & triviales.
Le Public doit, sans doute, s'accommoder de
cela, par compassion pour les Poëtes, qui sont
si à plaindre, depuis que le style de la Musique,
la quantité multipliée des Drames, & l'usage
de les représenter trop long-temps devant
les mêmes Spectateurs, ont fait perdre le vrai
goût; de sorte que l'on ne va plus au Spectacle pour écouter la Piece, mais quelqu'Ariette
seulement, & sans faire plus d'attention aux
paroles que si on écoutoit le chant d'un oiseau.
C'est ce qui donne lieu à ce bruit tumultueux
qu'on entend dans la Salle, contraire, il est
vrai, à la politesse & à la décence que des personnes bien nées doivent observer dans un lieu
public. De-là vient encore qu'on perd peu à peu
le sentiment de ce qui est conforme à la vraisemblance & à la raison, puisqu'on n'applaudit
le Poëte que lorsque ses vers sont remplis de
pensées brillantes, de mots bondissans, sonores, &c., & resserrées dans le plus petit espace
possible; ce qui est toujours bon, pourvu que
les paroles n'aient aucun rapport à la situation
du Personnage qui doit chanter l'Ariette, ni
au genre du sujet.

» L'Auteur recommande aux Compositeurs
de Musique d'avoir une connoissance bornée des

tons, des intervalles, & de leurs propriétés ; de se
mettre peu en peine de les adapter à l'action &
aux paroles ; de ne faire aucune distinction de
styles ; d'employer les modes majeurs & mineurs, selon leur caprice, & sans y être nécef-
sité par le besoin de l'expression. Il exhorte
le Compositeur à éviter soigneusement, dans
la symphonie, le genre de fugue & d'imitation ;
comme n'étant plus de mode ; à ne jamais faire
d'Ariette qui ne soit accompagnée d'une symphonie bruyante, imitant un tremblement de
terre ; à faire procéder chaque partie par une
suite de notes égales & d'une même valeur,
sans se soucier de la marche de la basse ; à ne
jamais varier ni soigner les récitatifs, mais à les
mépriser, comme une partie inutile au Drame ; à
faire chanter toutes les parties, autant qu'il pourra, par des Castrats, & à n'introduire sur la Scene
ni taille, ni basse-taille ; à savoir allier, à un
récitatif en B mol, un air qui ait trois ou quatre
dieses à la clef, en reprenant ensuite le récitatif
en B mol. Cela choque un peu l'oreille, à la vérité ; mais il importe peu, pourvu que cela
surprenne & étonne. Il doit faire le chant des
Ariettes si long, qu'on ait le temps d'aller à
ses affaires, & d'être encore de retour à la
moitié de la reprise. Il sera persuadé que c'est

une grace & une perfection de ne faire aucune
attention aux accents de la Langue, fur-tout aux
endroits des cadences de fon chant. Il fera tout
fon poffible pour vérifier, par fa compofition,
cette définition judicieufe qu'un Virtuofe
célèbre donne de la Mufique, en l'appellant un
Art qui tombe en décadence. Il fe mettra
fort peu en peine d'imaginer des chants expreffifs : mais il arrangera des notes, fans être guidé
par aucun motif. Sa compofition doit être fi
négligée, que les airs de fon Opéra ne laiffent
aucune impreffion de douleur ou de plaifir
dans l'ame de fes Auditeurs, lorfqu'ils for-
tent du Spectacle. Il affectionnera principalement les uniffons, évitant de faire des accords,
afin de précipiter plus vîte vers fa chûte un Art
dont on ne fait plus confifter le mérite dans
l'harmonie, mais dans un chant tellement maniéré & forcé, que peu de voix puiffent avoir
affez d'haleine pour l'exécuter. Les fymphonies
qui font aujourd'hui le plus grand plaifir font
celles qui ne peignent rien, & qui correfpondent à des paroles vuides de fens, ou qui les
contredifent. Les airs gais, courts & gracieux,
ne doivent jamais être admis : il eft vrai qu'ils
pourroient plaire au plus grand nombre des
Auditeurs ; mais doit-on s'en foucier, lorfqu'on
travaille pour un Théâtre public?

» Il eſt ſur tout de la plus grande impor-
tance que le Compoſiteur n'ait aucune connoiſſance des Lettres & de la Poëſie ; il ne doit
pas même ſentir la force des termes : cela n'empêche pas qu'il ne doive en décider avec aſſu-
rance, dédaigner les beaux vers, exiger ab-
ſolument que le Poëte les ſupprime, pour en
ſubſtituer d'autres qui ne ſignifient rien ; rejetter les paroles deſtinées à être miſes en air,
lorſqu'elles ont rapport au ſujet de la Piece,
& n'adopter que des morceaux découſus, qui
ne peuvent qu'interrompre l'intérêt du Drame.
Il ne faut pas qu'il ſache compoſer dans toutes
ſortes de meſures ; mais il doit employer toujours les mêmes mouvemens, & prétendre enfin
qu'on ne doit pas faire la Muſique pour les
paroles, mais les paroles pour la Muſique.

» Notre Auteur avertit les Chanteurs de ſe
bien garder de ſavoir ſolfier, de peur de tomber dans l'inconvénient d'aſſurer les tons de
leurs voix, d'entonner juſte, & de chanter de
meſure. L'uſage moderne de faire ſoutenir le
chant par des violons, qui exécutent la même
partie que la voix, & qui la couvrent, diſ-
penſe aiſément du mince mérite d'entonner
juſte, & de plaire par le ſeul organe de la
voix. Comme c'eſt de l'intonation parfaite que

L iv

naît principalement l'impreſſion des différentes paſſions, parce que c'eſt elle qui, par l'organe de l'ouie, irritent les fibres qui répondent au cerveau & au cœur, il s'enſuit que, ſi on la néglige, l'Auditeur ſera à l'abri d'éprouver aucune émotion.

» L'Auteur avertit encore les Chanteurs de bien étudier l'Art moderne, qui conſiſte à défigurer tout chant agréable par lui-même, en le ſurchargeant d'ornemens étrangers; de ne chanter que des airs d'un même genre, & qui durent au moins un demi-quart-d'heure. Il leur obſerve qu'ils ne ſe conformeroient pas à la mode, s'ils avoient le malheur de comprendre les paroles qu'ils prononcent, & s'ils entroient dans la paſſion qu'elles expriment; qu'ils doivent mal prononcer les mots, les altérer à chaque paſſage, & ſur-tout n'en laiſſer entendre aucun, les mangeant ou les eſtropiant, de façon qu'on ne ſache s'ils parlent Italien ou Allemand.

» Le Chanteur, pour éviter de donner dans le goût antique, ſe donnera bien de garde de ſuivre l'expreſſion du récitatif (ſi le Compoſiteur a eu la mal-adreſſe de lui en donner), & d'obſerver les repos de la voix : mais il doit précipiter ſon récit, ou faire des tenues où elles ne doivent pas avoir lieu. Il doit s'abſtenir aussi de cette petitesse qui consiste à faire sentir l'intention du Compositeur; mais se faire un devoir de tout changer, de débiter tout avec uniformité, sans se soucier d'appuyer à propos dans certains cas, ni de faire les ports de voix qui sont indiqués. Il importe peu s'il résulte de ces changemens que les notes substituées ne font plus accord avec la basse, & ne quadrent plus avec la mesure. Qu'il n'aille pas s'aviser de se faire une étude de l'Art de chanter à demi-voix, d'adoucir les sons, & de les modifier par degrés insensibles, de maniere que le chant paroisse partir de différentes distances; mais qu'il se contente qu'on entende tantôt un cri, tantôt rien du tout. Lorsqu'il est arrivé à la cadence, il est essentiel que tous les instrumens s'arrêtent, afin de lui laisser la liberté de se divertir à son aise, & de parcourir différens tons, de sauter, sur-tout, du ton le plus aigu au plus grave, & de prolonger son ramage baroque tant que la force de son haleine lui permettra : il fera en sorte, par la longueur & la multiplicité des modulations de sa cadence, que l'Auditeur oublie entiérement le sentiment que le chant de l'air lui avoit imprimé, si le Chanteur a l'heureux talent de terminer gaiement un air pathétique, & pathéti-

quement un air gai. C'eſt une grace antique
& hors de mode, lorſqu'on eſt à la fin d'un
air, & qu'on en reprend le commencement,
d'enchaîner l'un avec l'autre par un paſſage
agréable, qui achemine & conduiſe mélodieu-
ſement du ton qui termine l'un à celui qui com-
mence l'autre. Enfin le Chanteur s'appliquera
principalement à contrefaire le violon en chantant, s'il a une voix de deſſus, & la baſſe, s'il
a une baſſe-taille, &c. ».

Je n'ai eu connoiſſance de cette plaiſanterie,
qu'après avoir écrit mes Obſervations. Comme
la plupart des défauts, qui y ſont tournés en
ridicule, ſubſiſtent encore dans la Muſique
italienne, j'ai craint d'avoir perdu mon
temps, en établiſſant des principes directe-
ment oppoſés, ſi ces défauts paſſent aujour-
d'hui pour des beautés. J'ai conſulté à ce
ſujet un Amateur zélé du nouveau genre
qu'on veut introduire : il m'a répondu que la
Muſique étant faite pour flatter l'oreille, le
Compoſiteur devoit employer les modulations, les mouvemens & les accords qui rem-
pliſſent cet objet; qu'il pouvoit imaginer librement toutes les ſingularités qui ſéduiſent par
leur nouveauté, ſans ſe ſoucier des paroles;
qu'on n'y perdoit rien dans le fond, puiſque

celles de presque tous nos Drames font si pi-
toyables.

Il suivroit de-là qu'on ne regarde aujourd'hui
la Musique que comme un plaisir des sens, qui
ne peut intéresser l'ame. Je suis trop attaché à
l'opinion contraire, parce qu'elle est fondée sur
mes propres sensations; & j'ai de la peine à
croire que la plus saine & la plus grande partie
du Public, en France, ne soit pas de mon avis.
Mais je vois deux obstacles puissans s'opposer
aux progrès de la Musique : le premier est la
disette des bons Poëtes. Les moyens d'y remédier, autant qu'il est possible, sont l'émula-
lation, les encouragemens, & la persuasion que
la meilleure Musique n'est qu'un vain bruit,
si elle n'exprime rien ; & qu'elle ne peut rien
exprimer, si la Poësie ne lui fournit un sujet ;
de même qu'il n'y a point de peinture sans coloris, ni de coloris sans dessin. Si l'on est bien
persuadé de cette vérité, on peut concevoir
quelques espérances des encouragemens pro-
posés aux Poëtes par les Directeurs actuels de
l'Opéra.

Le second obstacle qui s'oppose, en France,
aux progrès de la Musique, consiste en ce que,
généralement parlant, nos voix sont incapables
d'exécuter les mêmes chants que les voix

italiennes. Il eſt facile de le lever ; en établiſſant des Ecoles de Muſique , à l'imitation des
Conſervatoires de Naples & de Veniſe. Les
Eleves qu'elles formeroient y acquerroient le
goût du chant , & la flexibilité de la voix néceſſaire pour le ſeconder , puiſque la mauvaiſe
intonation de la plupart de nos Chanteurs , &
l'impuiſſance où ils ſont de pratiquer agréablement certains intervalles , ne viennent pas de la
dureté, ni d'aucun autre vice de leurs organes;
mais du défaut d'exercice, de leur ignorance,
& ſouvent de leur caprice.

Mais on ne pourroit encore jouir de l'avantage que ces Ecoles procureroient , ſi l'on
n'établiſſoit pas une ſubordination dans l'Art
muſical, comme il y en a dans tous les autres.
On connoît aſſez le tort que font à la Muſique
les caprices des Compoſiteurs , qui exigent
ſouvent d'un Poëte des changemens qui ne
peuvent que déparer ſes vers , énerver la force
de ſes penſées ; l'indocilité des Chanteurs , qui
refuſent de chanter certains paſſages , parce
qu'ils leur coûteroient de la peine à étudier ,
ou qui obligent le Muſicien de tranſpoſer un
air , ſous prétexte qu'un ton paroît plus favorable à leur voix, encore que ce ton convienne
moins à l'expreſſion des paroles ; enfin les

inconvéniens qui réfultent des maladies de commande ou réelles, qu'ils s'attirent par leur imprudence, &c. &c.

On remédieroit à tous ces abus, fi l'on établiffoit une Ecole gratuite dans ces maifons qui fervent de retraite à ces innocentes victimes de l'incontinence publique. Ces enfans de l'Etat, inftruits de bonne heure dans l'Art de la Mufique, y feroient d'autant plus de progrès, qu'ils ne feroient point détournés de cette étude par la liberté trop abfolue dont les autres jouiffent, & qui ne les expofe que trop à céder à l'attrait du plaifir, dont les délices une fois goûtées, dans un âge tendre, ont le propre d'occuper l'ame toute entiere, & de lui ôter toute aptitude à aucun genre d'application.

On diftingueroit, dans les Eleves, ceux qui feroient propres au chant, par la flexibilité & l'étendue de leurs organes. L'Art de toucher les inftrumens, qu'on feroit apprendre à tous, feroit la reffource de ceux qui auroient une voix moins belle, & perfectionneroit les uns & les autres dans la Mufique.

Ce feroit de ce Séminaire qu'on tireroit des Sujets pour la Chapelle du Roi & pour l'Opéra. Ceux de l'un & l'autre fexe vivroient féparément, en communauté, fous la direction des

Supérieurs, fans pouvoir fe répandre dans les Sociétés. Lorfqu'ils auroient fervi environ douze ans, ils obtiendroient une penfion, avec la liberté de vivre indépendans, & le privilege exclufif d'enfeigner la Mufique aux Citoyens, à moins qu'ils ne préféraffent d'enfeigner dans le Séminaire. Ce dernier article ne doit pas paroître injufte : un Art qui n'a que le plaifir pour objet, femble devoir être réfervé pour fervir de reffource à ceux qui lui doivent l'exiftence.

F I N.

A P P R O B A T I O N.

J'AI lu, par ordre de Monfeigneur le Garde des Sceaux, un Manufcrit qui a pour titre : *Traité fur la Mufique, & fur les moyens d'en perfectionner l'expreffion*, par M. LE PILEUR D'APLIGNY. A Paris, ce 15 Juillet 1778.

PIDANSAT DE MAIROBERT.

PRIVILEGE DU ROI.

LOUIS, par la grace de Dieu, Roi de France & de Navarre : A nos amés & féaux Confeillers, les Gens tenans nos Cours de Parlement, Maîtres des Requêtes ordinaires de notre Hôtel, Grand Confeil, Prévôt de Paris, Baillifs, Sénéchaux ; leurs Lieutenans Civils ;

& autres nos Justiciers qu'il appartiendra; SALUT. Notre amé le Sieur LE PILEUR D'APLIGNY Nous a fait exposer qu'il desireroit faire imprimer & donner au Public un Ouvrage de sa composition, intitulé : *Traité sur la Musique, & sur les moyens d'en perfectionner l'expression*, s'il Nous plaisoit lui accorder nos Lettres de Permission pour ce nécessaires. A ces causes, voulant favorablement traiter l'Exposant, Nous lui avons permis & permettons par ces Présentes, de faire imprimer ledit Ouvrage autant de fois que bon lui semblera, & de le faire vendre & débiter par tout notre Royaume pendant le temps de cinq années consécutives, à compter du jour de la date des Présentes. Faisons défenses à tous Imprimeurs, Libraires, & autres personnes, de quelque qualité & condition qu'elles soient, d'en introduire d'impression étrangere dans aucun lieu de notre obéissance ; à la charge que ces Présentes seront enregistrées tout au long sur le registre de la Communauté des Imprimeurs & Libraires de Paris, dans trois mois de la date d'icelles ; que l'impression dudit Ouvrage sera faite dans notre Royaume, & non ailleurs, en bon papier & beaux caracteres ; que l'Impétrant se conformera en tout aux Réglemens de la Librairie, & notamment à celui du 10 Avril 1725, à peine de déchéance de la présente Permission ; qu'avant de l'exposer en vente, le manuscrit qui aura servi de copie à l'impression dudit Ouvrage, sera remis dans le même état où l'Approbation y aura été donnée, ès mains de notre très-cher & féal Chevalier, Garde des Sceaux de France, le Sieur HUE DE MIROMESNIL ; qu'il en sera

enfuite remis deux Exemplaires dans notre Biblio-
theque publique, un dans celle de notre Château
du Louvre, un dans celle de notre très-cher &
féal Chevalier, Chancelier de France, le Sieur
DE MAUPEOU, & un dans celle dudit Sieur HUE
DE MIROMESNIL; le tout à peine de nullité des
Préfentes. Du contenu defquelles vous mandons
& enjoignons de faire jouir ledit Expofant & fes
ayans caufe, pleinement & paifiblement, fans
fouffrir qu'il leur foit fait aucun trouble ou empê-
chement. Voulons qu'à la copie des Préfentes,
qui fera imprimée tout au long au commencement ou à la fin dudit Ouvrage, foi foit ajoutée
comme à l'original. Commandons au premier notre Huiffier ou Sergent fur ce requis, de faire
pour l'exécution d'icelles, tous Actes requis &
néceffaires, fans demander autre permiffion, &
nonobftant clameur de Haro, Charte Normande,
& Lettres à ce contraires; CAR tel eft notre
plaifir. Donné à Paris le onzieme jour du mois
de Novembre, l'an mil fept cent foixante-dix-huit,
& de notre Regne le cinquieme. Par le Roi en
fon Confeil. LE BEGUE.

*Regiftré fur le Regiftre XXI de la Chambre
Royale & Syndicale des Libraires & Imprimeurs de
Paris, N°. 1493, fol. 28, conformément aux
difpofitions énoncées dans la préfente Permiffion, & à
la charge de remettre à ladite Chambre les huit exemplaires prefcrits par l'article CVIII du Réglement
de 1723. A Paris, ce 13 Novembre 1778.*

A. M. LOTTIN l'aîné, Syndic.

www.ingramcontent.com/pod-product-compliance
Lightning Source LLC
Chambersburg PA
CBHW072035090426
42733CB00032B/1791